乌尔都语基础教程

第一册

اردو کی پہلی کتاب

孔菊兰 编著

U0328230

北京大学出版社
PEKING UNIVERSITY PRESS

图书在版编目(CIP)数据

乌尔都语基础教程.第一册/孔菊兰编著.—北京:北京大学出版社,2006.9
ISBN 978-7-301-08115-0

Ⅰ.乌… Ⅱ.孔… Ⅲ.乌尔都语-高等学校-教材 Ⅳ.H713

中国版本图书馆CIP数据核字(2006)第104118号

书　　名:乌尔都语基础教程.第一册
著作责任者:孔菊兰　编著
责 任 编 辑:张　娜
标 准 书 号:ISBN 978-7-301-08115-0
出 版 发 行:北京大学出版社
地　　　址:北京市海淀区成府路205号　100871
网　　　址:http://www.pup.cn
电　　　话:邮购部 62752015　发行部 62750672　编辑部 62759634　出版部 62754962
电 子 邮 箱:编辑部 pupwaiwen@pup.cn　　总编室 zpup@pup.cn
印　刷　者:北京虎彩文化传播有限公司
经　销　者:新华书店
　　　　　787毫米×980毫米　16开本　9.25印张　100千字
　　　　　2006年9月第1版　2024年6月第6次印刷
定　　　价:49.00元

未经许可,不得以任何方式复制或抄袭本书之部分或全部内容。
版权所有,侵权必究　举报电话:010-62752024
　　　　　　　　　电子邮箱:fd@pup.cn

编者的话

乌尔都语是南亚次大陆的主要语言之一，是巴基斯坦的国语。除巴基斯坦外，它还通行于印度和孟加拉国的一些地区。我国与巴基斯坦有着传统的友好关系，两国人民世代友好相处，交往密切。学习乌尔都语，对增进我国与巴基斯坦以及南亚有关国家人民之间的了解和友好，促进我国与南亚地区的经济合作和文化交流有一定的现实意义。

北京大学乌尔都语专业建于1954年，至今已经走过了70年的发展历程，为国家培养了很多精通乌尔都语的专门人才。教学中，我们一直使用自己编写的教材，经历了单行本、简易本、油印讲义和正式出版教材的过程。1991年由山蕴教授(已故)担任主编，乌尔都语专业部分教师参加编写的《乌尔都语基础教程》正式出版。这部教材吸收了以前教学实践认可的一些课文，保留了一些过去的传统课文，选用了国外出版的乌尔都语教科书中的优秀篇章。这部教材在我国的乌尔都语教学活动中起到了重要作用。然而，随着时代的变化与发展，教材内容老化、题材陈旧等问题凸显出来。学生和教员对此都深有感触，教材的更新势在必行。2001年，在教育部国家外语非通用语本科人才培养基地的资助下，我们开始了《乌尔都语基础教程》的修改工作。

起初，计划对本教材只作必要的修订，但后来发现有近四分之三的课文需要替换。因而，不得不重新编排新的语法点，对新出现的句型做注释和讲解。根据多年的教学经验和体会，为了在学习语言的同时，让学生对语言流通国的文化和历史有所了解，从而激发学习语言的热情，新编教材第一、二、三册中增添了语言对象国的历史知识、文化习俗和民间故事等方面内容。进入第四、五册，这时学生已经掌握了基本语法，也有比较多的词汇量，我们选编了一些乌尔都语杂文、议论文以及著名作家的短篇小说，目的是让学生在提高语言水平的同时，开始接触和阅读一些文学作品，培养学生的文学理解和鉴赏能力。此外，新编教材的第一、二、三册的每课课文后附有会话；第二、三、四、五册每册都有一课会话课文，目的在于培养学生的会话能力，提高口语水平。总之这套教材在编写的过程中充分考虑了它的可读性、科学性、趣味性和知识性。

本套《乌尔都语基础教程》为基础乌尔都语教科书，供大学乌尔都语专业本科生使用。共有5册，连续使用5个学期，全书共有77课，分三部分。第一部分为语音，共有9课；第二部分是以语法为主线的课文，共有40课；第三部分为综合性课文，共有28课。

第一部分为语音课文，包括字母表、字母读音、拼音规律、语音符号、标点符号、练习、书写规则等。课文对每个音素的发音要领作了详细的说明，并附有口型图。第九课为语音阶段的总结，对所学过的语音、字母、语音符号等给以总结。

第二部分以语法为主线，首先按难易程度循序渐进编排课文，同时力求课文内容的科学性和趣味性，还兼顾句型的多样化，基本词汇的大量出现及提高词汇的再现率。每课后附有生词表、口语、句型使用、语法、注释、练习和阅读等项目。主要语法为乌尔都语基本语法的时、式、态、主要的情态动词和一些习惯用法。通过大量形式多样的练习，帮助学生打下坚实的语法基础，并了解有关词汇的含义和用法。课文内容上，通过这些课文的学习，使学生对乌尔都语流通地区的文化和历史有初步的了解。

第三部分是综合性课文。主要选择原文为课文，体裁上包括杂文、小说、民间故事等。目的在于复习所学的内容，巩固第一、二部分所学的语音、词汇、语法知识，在语言实践中加以深化并逐步培养语感，提高学生综合运用语言的能力，为下一步高年级课程学习打下良好的基础。大多数课文后附有讨论题，通过组织学生对课文的主题、人物的讨论，发挥学生的主观能动性，使学生的口语能力得到锻炼。

本套书的每一册教材后都附有词汇表，以便查对。

由于编者水平有限，书中难免有疏漏之处，欢迎读者以及同行给予批评指正。

编者　孔菊兰
2020年9月于博雅西园

目 录 فہرست

第一课 پہلا سبق ·· 1

字母表

乌尔都语字母(音素)与罗马音标对照表

第二课 دوسرا سبق ·· 3

长元音: و ے و ی آ

短元音: ا ا ا ا ا

辅 音: ب پ

送气音: بھ پھ

音 节:单音节、双音节、多音节

语音符号: (–) ہمزہ ، و ، ے ، پیش ، زیر ، (–) زبر ، مد

第三课 تیسرا سبق ·· 10

辅 音: ر ث ٹ ت

送气音: ٹھ تھ

语音符号: جزم ، (–) ہمزہ

标点符号: …… ____ ” “ ( ) : ! ؟ ۔ ،

第四课 چوتھا سبق ·· 16

双元音: و ے

1

辅　音：ج خ چ ح

送气音：چھ جھ

读音规则：خوا 的读法，重读音节

语音符号：تشدید、(=) زبر

第五课　　پانچواں سبق ············· 22

辅　音：ڑ ر ز ذ ڈ د

送气音：ڑھ ڈھ دھ

第六课　　چھٹا سبق ············· 27

辅　音：غ ع ض ش ص س

第七课　　ساتواں سبق ············· 32

辅　音：گ ک ق ف ظ ط

送气音：گھ کھ

第八课　　آٹھواں سبق ············· 38

辅　音：ی ہ و ن م ل

送气音：نھ مھ لھ

鼻化音：ں

语音符号：(ؔ) ہمزہ、دو زبر

读音规则：以 ہ 结尾的波斯语词

第九课　　نواں سبق ············· 45

语音小结

字母小结
语音符号小结

第十课　دسواں سبق ……………………… 53
یہ کیا ہے ؟

第十一课　گیارہواں سبق ……………………… 62
یہ کون ہے ؟

第十二课　بارہواں سبق ……………………… 67
میں ، آپ ، وہ

第十三课　تیرہواں سبق ……………………… 74
ایک کارخانہ

第十四课　چودہواں سبق ……………………… 80
میرا گھرانہ

第十五课　پندرہواں سبق ……………………… 90
ایک فارم کی تصویر

第十六课　سولہواں سبق ……………………… 100
میرا کمرا

第十七课　سترہواں سبق ……………………… 112
پہاڑی علاقے میں ایک لیڈی ڈاکٹر

词汇表　فہرستِ الفاظ ……………………… 123

第 一 课　پہلا سبق

字母表(包括名称)　حُروفِ تہجّی

ج	ث	ٹ	ت	پ	ب	ا
jīm	sē	ṭē	tē	pē	bē	alif
ر	ذ	ڈ	د	خ	ح	چ
rē	zāl	ḍāl	dāl	ḥē	hē	chē
ض	ص	ش	س	ژ	ز	ڑ
zād	sād	shīn	sīn	zhē	zē	ṛē
ک	ق	ف	غ	ع	ظ	ط
kāf	qāf	fē	g̣āin	ʻain	zōʻē	tōʻē
ی	ہ	و	ن	م	ل	گ
yē	hē	vāʻō	nūn	mīm	lām	gāf

注:自右向左读

乌尔都语字母(音素)与
罗马音标对照表

一、元音

ا —— ā，a，i，u，e，o

و —— ū，ō，au

ی —— ī

ے —— ē，ai

二、辅音(自右向左读)

ح	چ	ج	ث	ٹ	ت	پ	ب
h	ch	j	s	ṭ	t	p	b
ژ	ز	ڑ	ر	ذ	ڈ	د	خ
zh	z	ṛ	r	z	ḍ	d	ḥ
غ	ع	ظ	ط	ض	ص	ش	س
g̣	ʻ	z	t	z	s	sh	s
و	ن	م	ل	گ	ک	ق	ف
v	n	m	l	g	k	q	f
					(ے)	ی	ہ
					(y)	y	h

第二课 دوسرا سبق

长元音	آ ی ُو ے وْ
短元音	اَ اِ اُ اِ اْ
辅 音	پ ب
送气音	پھ بھ
音 节	单音节、双音节、多音节
语音符号	(–) ہمزہ ، و ، ے ، پیش ، زیر ، (–) زبر ، مد

一、长元音

1. 长元音 آ 的音标是〔ā〕,发音要领是:

口:张大

舌:舌尖离开下齿,舌面平放后缩

音:长

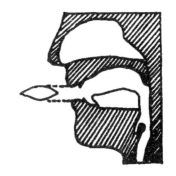

2. 长元音 ی 的音标是〔ī〕,发音要领是:

舌:舌尖抵下齿,舌前部向上抬起

唇:扁平

音:长

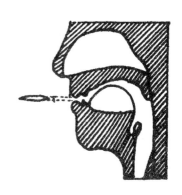

3. 长元音 وُ 的音标是〔 ū 〕，发音要领是：

舌：舌身后缩，舌后部
　　向上抬起

唇：双唇收圆，向前
　　突出

音：长

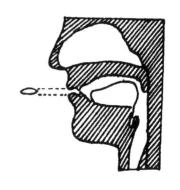

4. 长元音 ے 的音标是〔 ē 〕，发音要领是：

舌：舌尖抵下齿，舌前
　　部抬起，比〔 ī 〕
　　低

唇：半开，稍扁，放松

音：长

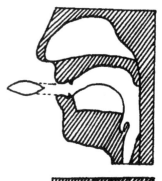

5. 长元音 وْ 的音标是〔 ō 〕，发音要领是：

口：开口度中等，张圆

舌：舌身后缩，并抬起，
　　偏后

音：长

二、短元音

1. 短元音 اَ 的音标是〔 a 〕，发音要领是：

唇：双唇向后稍咧开，扁平

舌：舌尖微抵下齿

音：短促

2. 短元音 اِ 的音标是〔 i 〕，发音要领与长元音 ی〔 ī 〕相同，但 اِ〔 i 〕的音短促，舌前部没有发 ی〔 ī 〕音时抬得那么高。

3. 短元音 اُ 的音标是〔u〕,发音要领与长元音 اُو〔ū〕相同,只是舌后部抬得没有发 و〔ū〕音那么高,音短促。

4. 短元音 اِ 的音标是〔e〕,发音要领是:

舌:舌尖抵下齿

唇:双唇半开,稍扁

音:短促

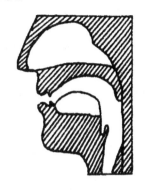

5. 短元音 اٗ 的音标是〔o〕,发音要领与长元音 و〔ō〕 相同,但 اٗ 的音短促,舌后部比 و〔ō〕稍低。

三、辅音

پ〔pē〕和 ب〔bē〕是一对清浊辅音。پ 是清辅音,音标是〔p〕。ب 是浊辅音,音标是〔b〕。پ 和 ب 的发音要领是:

唇:双唇紧闭,形成阻碍

气流:由肺部冲出,双唇分开,爆破成音

声带:发 پ 时不振动,发 ب 时振动

四、送气音

乌尔都语共有 14 个送气音,送气音的音标是原辅音字母加〔h〕。پھ 和 بھ 的音标分别是〔ph〕和〔bh〕,发音要领与 پ 和 ب 相同,但要用强气流送气成音,پھ 与 بھ 的区别在于发 پھ 时声带不振动,而发 بھ 时则需要振动。

书写表　لکھنے کا ڈھنگ

名称	单写	词首	词中	词尾	书法示例		
					词首	词中	词尾
alif	ا آ	ا آ	ـا ـا	ـا ـا	اب آپ	رات باپ	پیدا یا
bē	ب	بـ بـ	ـبـ ـبـ	ب ـب	بی بب	ابے تبت	آب تب
pē	پ	پـ پـ	ـپـ ـپـ	پ ـپ	پی پائے	سپرد بپا	باپ پیپ
vā'ō	و	无①	ـو	ـو		پھوپھی	آوَ بو
yē	ی ے	无②	ـیـ ـیـ	ی ـے		ریت پیپ	آپے آئی

五、音节和音节的划分

音节是说话时最小的语音片断，通常由一个元音加上一个或几个辅音构成，但单独一个元音也能成为一个音节。词可分单音节、双音节和多音节词。例如：

پیپ 〔pīp〕单音节，　ابے 〔abē〕双音节，

آبائی 〔ābā'ī〕三音节

六、语音符号

1.〔~〕（مدّ〔madd〕）加在 ا 上方表示长元音 آ〔 ā 〕。

例如：آپا〔āpā〕。

2.〔 َ 〕（زَبَر〔zabar 〕）(—)，写在有关字母的上方，表示短元音

注：①② و 和 ی 作元音时不出现在词首。

اَ〔a〕。例如：بَپا〔bapā〕。

3.〔 ِ 〕（زیر〔zēr〕），(1)写在元音字母 ا 或辅音字母下方，表示短元音 اِ〔i〕。例如：بِب〔bib〕。(2)写在元音字母 ی（یـ）下方，表示此字母读作〔ī〕。例如：پِیپ〔pīp〕。

4.〔 ُ 〕或〔 ٗ 〕（پیش〔pēsh〕），(1)写在元音字母 ا 或辅音字母上方，表示短元音 اُ〔u〕。例如：بُت〔but〕。(2)写在长元音字母 و 上方，表示该字母读作〔ū〕。例如：بابُو〔bābū〕。

5.〔 ٚ 〕（ے〔e〕），写在元音字母 ا 或辅音字母下方，表示短元音 اٚ〔e〕。例如：اٚختیار〔eḥtiyār〕。

6.〔 ْ 〕（ و〔o〕），(1)写在元音字母 ا 或辅音字母上方，表示短元音 اْ〔o〕。例如：بہْت〔bahot〕。(2)写在长元音字母 وْ 的上方，表示该字母读作〔ō〕。例如：پوْتا〔pōtā〕。

7.〔 ٔ 或 ئ 〕（ہمزہ〔hamzah〕）（一），写在相邻的两个长元音的第二个字母上，表示这两个元音不拼合。在元音字母 و 上方加 ٔ，在元音字母 ی 或 ے 上方加 ئ，表示元音不拼合，在词汇标音时ہمزہ用〔 ‘ 〕来表示，例如：آؤ〔ā‘ō〕，آئے〔ā‘ē〕，آئی〔ā‘ī〕。

口语 مُکالَمہ

您好！（问） اَلسّلامُ عَلیکُم！

您好！（答） وَعَلیکُم السّلام！

再见！ خُدا حافِظ！

练 习 مشق

一、朗读下列单词:

〔abhī〕 اَبھی　　〔āpā〕 آپا　　〔ābāʻī〕 آبائی

〔phūphā〕 پھُوپھا　　〔pīp〕 پیپ　　〔abū〕 اَبُو

〔āpē〕 آپے　　〔āʻī〕 آئی　　〔āpī〕 آپی

〔pāʻē〕 پائے　　〔āʻō〕 آؤ　　〔bābā〕 بابا

〔abē〕 اَبے　　〔āb〕 آب　　〔bībī〕 بی بی

二、朗读下列音素对照表:

پھا بھا	پھَ بھَ	پَ بَ	پا با	پا پَ	با بَ	آ اَ
پھی بھی	پھِ بھِ	پِ بِ	پی بی	پی پِ	بی بِ	ی اِ
پھُو بھُو	پھُ بھُ	پُ بُ	پُو بُو	پُو پُ	بُو بُ	وُ اُ
پھے بھے	پھِ بھِ	پِ بِ	پے بے	پے پِ	بے بِ	ے اِ
پھو بھو	پھْ بھْ	پْ بْ	پو بو	پو پْ	بو بْ	وْ اْ

三、朗读并熟记下列单词,同时划分音节:

四分之一(数)〔pāʻō〕 پاؤ

嫂子 (阴)〔bhābī〕 بھابی

气味 (阴)〔bū〕 بُو

脱水的,(形)〔bē āb〕 بے آب
无光泽的

先生 (阳)〔bābū〕 بابُو

现在(副)〔ab〕 اَب

兄弟 (阳)〔bhāʻī〕 بھائی

您 (代)〔āp〕 آپ

父亲(阳)〔bāp〕 باپ

姑姑(阴)〔phūphī〕 پھُوپھی

四、抄写下列字母和音节：

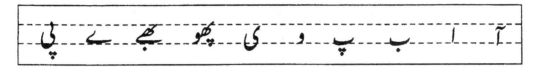

آ ا ب پ و ی پھو بھے ے پی

五、抄写下列单词：

اب پاؤ بھائی آپ بے آب باپ بو پھوپھی

بھابی بابو

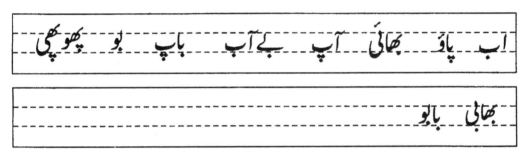

第三课 تیسرا سبق

辅　　音	ر ث ٹ ت
送 气 音	ٹھ　　　تھ
语音符号	جزم ، ہمزہ (ـٔ)
标点符号	، ۔ ؟ ! : ( ) " " ＿＿＿……

一、辅音

1. 辅音 ت〔 tē 〕是清辅音，音标是〔 t 〕，发音要领是：

舌：舌尖顶上齿背，形成阻碍

气流：经舌尖与上齿背冲出，爆破成音，不送气

声带：不振动

2. 辅音 ٹ〔 ṭe 〕是清辅音，音标是〔 ṭ 〕，发音要领是：

舌尖：舌尖卷起，抵硬颚中部

气流：冲开舌尖与硬颚的阻碍，舌尖突然下降

声带：不振动

3. 辅音 ث〔sē〕是清辅音，音标是〔s〕，发音要领是：

舌：舌尖接近下齿背，
　　并留有缝隙

气流：通过舌面与齿背
　　　间的缝隙摩擦成音

声带：不振动

4. 辅音 ڑ〔rē〕是浊辅音，音标是〔r〕，发音要领是：

口：微微张开

舌：舌尖卷起，靠近上
　　齿龈，气流冲出时，
　　舌尖迅速颤动几下

声带：振动

注意：软颚不摩擦

二、送气音

送气音 تھ 和 ٹھ 的音标分别是〔th〕和〔ṭh〕。发音要领与 ت 和 ٹ 相同，但要用强气流送气成音。

三、语音符号

1.〔ء〕(ہمزہ〔hamzah〕)(二)，当长元音 آ 和短元音 اِ 连在一起时，ء 写在第二个元音 اِ 的上方，表示两个元音不拼合，符号是〔ʻ〕。例如：تائب〔tāʻib〕，ٹائپ〔ṭāʻip〕。

2.〔ˆ〕(جزم〔jazm〕)无元音符号，加在辅音字母的上方，表示没有元音与此辅音拼合。例如：اَبْر〔abr〕。乌尔都语中以辅音字母结尾的单词，一般最后一个辅音字母是没有元音与之拼合的，书写时也不必加无元音符号〔ˆ〕。例如：بات〔bāt〕，تار〔tār〕。

四、标点符号

، 逗号　۔ 句号　؟问号　! 惊叹号

: 冒号　( ) 括号　" " 引号　—— 破折号

……(…)省略号

书写表 لکھنے کا ڈھنگ

名称	单写	词首	词中	词尾	书法示例		
					词首	词中	词尾
tē	ت	تـ تـ	ـتـ ـتـ	ـت ت	تب تار	پتا پتھر	بات تت
ṭē	ٹ	ٹـ ٹـ	ـٹـ ـٹـ	ـٹ ٹ	ٹوٹ ٹاپ	بیٹی بیٹا	اٹٹ تٹ
sē	ث	ثـ ثـ	ـثـ ـثـ	ـث ث	ثواب ثبات	اثر اکثر	اثاث ابتث
rē	ر	ر	ر	ر	رات رتی	ارب تیرا	بار ابر

口　语 مُکالمہ

您怎么样？　آپ کیسے ہیں؟ (آپ کا مِزاج کیسا ہے؟)

(خیریت ہے؟) (آپ کی طَبیعت کیسی ہے؟)

很好，谢谢，您呢？　ٹھیک ہوں، شُکریہ اور آپ؟

我也很好，谢谢。　میں بھی اچھا (اچھی) ہوں، شُکریہ۔

练　习　مَشْق

一、朗读下列音素对照表：

تا ٹا	تَ ٹَ	را رَ	ثا ثَ	ٹا ٹَ	تا تَ
تی ٹی	تِ ٹِ	ری رِ	ثی ثِ	ٹی ٹِ	تی تِ
تو ٹو	تُ ٹُ	رو رُ	ثو ثُ	ٹو ٹُ	تو تُ
تے ٹے	تٚ ٹٚ	رے رٚ	ثے ثٚ	ٹے ٹٚ	تے تٚ
توْ ٹوْ	تْ ٹْ	روْ رْ	ثوْ ثْ	ٹوْ ٹْ	توْ تْ

تھا ٹھا	تھَ ٹھَ	ٹھا ٹھَ	تھا تھَ
تھی ٹھی	تھِ ٹھِ	ٹھی ٹھِ	تھی تھِ
تھو ٹھو	تھُ ٹھُ	ٹھو ٹھُ	تھو تھُ
تھے ٹھے	تھٚ ٹھٚ	ٹھے ٹھٚ	تھے تھٚ
تھوْ ٹھوْ	تھْ ٹھْ	ٹھوْ ٹھْ	تھوْ تھْ

二、朗读下列单词：

روپ〔rūp〕　　　　تھرتھری〔thartharī〕

ثَبات〔sabāt〕　　　　پوْتی〔pōtī〕

اَبْرو〔abrū〕　　　　بارات〔bārāt〕

ٹھٹ	〔ṭhaṭ〕	پتھراؤ	〔pathrā'ō〕
ترتیب	〔tartīb〕	ٹر	〔ṭar〕
تاثیر	〔tāsīr〕	تب	〔tab〕
پیٹ	〔pēṭ〕	پیت	〔pīt〕
ترت	〔turat〕	رٹ	〔raṭ〕
ٹھاٹ	〔ṭhāṭ〕	بوٹی	〔bōṭī〕

三、朗读并熟记下列单词，同时划分音节：

事情（阴）〔bāt〕	بات	坏的（形）〔burā〕	برا
女儿（阴）〔bēṭī〕	بیٹی	烟斗（阴）〔pā'ip〕	پائپ
领带（阴）〔ṭā'ī〕	ٹائی	孙子（阳）〔pōtā〕	پوتا
影响（阳）〔asar〕	اثر	八（数）〔āṭh〕	آٹھ
意见（阴）〔rā'ē〕	رائے	帽子（阴）〔ṭōpī〕	ٹوپی
油饼（阳）〔parāṭhā〕	پراٹھا	星期一（阳）〔pīr〕	پیر
印度（阳）〔bhārat〕	بھارت	夜晚（阴）〔rāt〕	رات

四、抄写下列字母和音节：

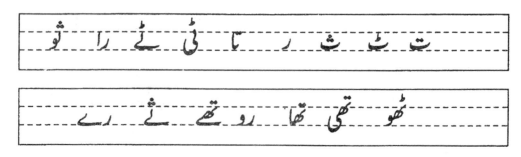

ت ٹ ث ر تا ٹی ٹے را ثو

ٹھو تھی تھا رو تھے ثے رے

五、抄写下列单词：

برا بات پائپ بیٹی پوتا ٹائی آٹھ

اثر ٹوپی رائے پیر پراٹھا رات بھارت

第四课 چوتھا سبق

双元音	وَ ےَ
辅音	ج چ خ ح
送气音	جھ چھ
读音规则	خوا的读法、重读音节
语音符号	زبر (=)، تشدید

一、双元音

1. 双元音 ےَ 的音标是〔 ai 〕,发音要领是:先发〔 a 〕,但口型要略大,再发〔 i 〕,口型由〔 a 〕向〔 i 〕迅速而自然转变,不中断。

2. 双元音 وَ 的音标是〔 au 〕, 发音要领是: 先发〔 a 〕, 但口型略大,再发〔 u 〕,口型由〔 a 〕向〔 u 〕快速而自然转变,不中断。

二、辅音

1. 辅音 ح〔hē〕是清辅音,音标是〔h〕,发音要领是:

声门:敞开

气流:经过声门从口腔中自然呼出,不受阻碍

声带:不振动

2. 辅音 خ〔 ḥē 〕是清辅音，音标是〔 ḥ 〕，发音要领是：

舌：舌根抬起靠近软颚
　　与小舌处
气流：由舌根、软颚与
　　　小舌间冲出时摩擦
　　　成音
声带：不振动

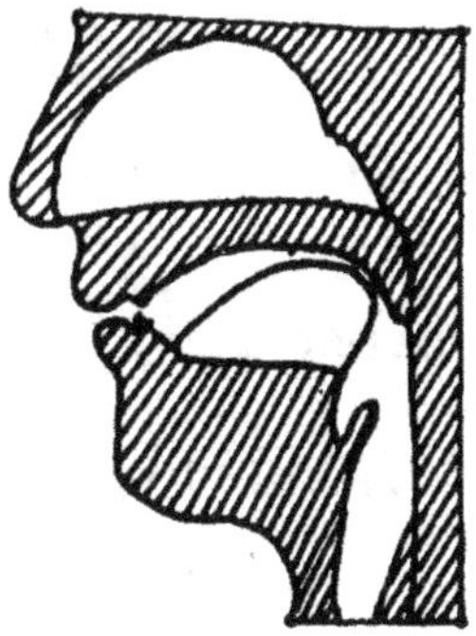

3. چ〔 chē 〕和 ج〔 jīm 〕是一对清浊辅音，辅音 چ 是清辅音，音标是〔 ch 〕。ج 是浊辅音，音标是〔 j 〕。چ 和 ج 的发音要领是：

舌：舌尖抵上齿，舌叶
　　贴上齿龈后部与硬
　　颚前部，形成阻碍
唇：双唇微突
气流：自舌叶与硬颚间
　　　的缝隙摩擦而出
声带：发 چ 时不振动，
　　　发 ج 时振动

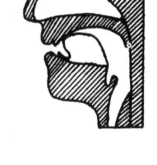

三、送气音

送气音 چه 和 جه 的音标分别是〔 chh 〕和〔 jh 〕，发音要领与 چ 和 ج 相同，但要用强气流送气成音。

四、读音规则

1. خوا 的读音规则：当 خ 后面的字母是 و 和 ا 时，字母 و 不发音，念作〔 ḥā 〕。例如：خواب〔ḥāb〕，خوار〔ḥār〕。

2. 重读音节:

乌尔都语的重读音节通常在一个单词的最后一个音节上。在词中包含长短元音的双音节时，重读经常在长元音上。例如：خبَر〔ḥabar〕，پتا〔patā〕，پراٹھا〔parāṭhā〕。

五、语音符号

1.〔 َ 〕(زبَر〔zabar〕)(二)，(1)写在元音 وَ〔vāʼō〕上方，表示双元音〔au〕。例如：چَوتھی〔chauthī〕。(2)写在元音 ےَ〔yē〕上方，表示双元音〔ai〕。例如：خَیر〔ḥair〕。

2.〔 ّ 〕(تشدید〔tashdīd〕)是辅音重叠符号，写在需要重复的辅音上方，发音时带有这种符号的辅音念两次。例如：بچّی〔bachchī〕。如果送气音上方加此符号，则该辅音送气两次。例如：چٹّھی chiṭhṭhī。

书写表 لکھنے کا ڈھنگ

名称	单写	词首	词中	词尾	书法示例		
					词首	词中	词尾
jīm	ج	جـ	ـجـ	ـج ج	جیب جو	حجر بجائے	آج نج
chē	چ	چـ	ـچـ	ـچ چ	چپ چائے	چچا بچت	خرچ پیچ
hē	ح	حـ	ـحـ	ـح ح	حد حرارت	بحث تحریر	طرح ترجیح
ḥē	خ	خـ	ـخـ	ـخ خ	خیر خواب	آخور بخار	رخ تاریخ

口 语 مُکالَمہ

起立！ اُٹھیے !

坐下！ بیٹھیے ! (تشریف رکھیے !)

几点了？ کیا ٹائم ہے ؟ (کیا وَقت ہے ؟)

8 点了。 آٹھ بجے ہیں ۔

现在开始上课。 اَب کلاس شروع ہو رہی ہے ۔

现在休息一会儿。 اَب ذرا سُستا لیں ۔

练 习 مَشق

一、朗读下列音素对照表：

جھا جھَ	چھا چھَ	جا جَ	چا چَ	خا خَ	حا حَ
جھی جھِ	چھی چھِ	جی جِ	چی چِ	خی خِ	حی حِ
جھو جھُ	چھو چھُ	جو جُ	چو چُ	خو خُ	حو حُ
جھے جھ	چھے چھ	جے ج	چے چ	خے خ	حے ح
جھوْ جھْ	چھوْ چھْ	جوْ جْ	چوْ چْ	خوْ خْ	حوْ حْ

حَ خَ	حا خا	چھَ جھَ	چھا جھا	بےَ پےَ	بوْ پوَ
حِ خِ	حی خی	چھِ جھِ	چھی جھی	تےَ ٹےَ	ثوْ توَ
حُ خُ	حو خو	چھُ جھُ	چھو جھو	چےَ جےَ	توْ ٹوَ
حَ خَ	حے خے	چھ جھ	چھے جھے	خےَ حےَ	چوْ جوَ
حْ خْ	حوْ خوْ	چھْ جھْ	چھوْ جھوْ		

چوْ	حوْ	خوْ	روْ	بوَ	توَ	چوَ	حوَ	بےَ	تےَ	جےَ	حےَ	ثےَ
چوَ	حوَ	خوَ	روَ	پوَ	ٹوَ	جوَ	خوَ	پےَ	ٹےَ	چےَ	خےَ	

二、朗读下列词汇：

〔ruḥ〕	رُخ	〔ḥā‘ib〕	خائِب	〔jārī〕	جاری
〔ahbāb〕	اَحباب	〔chappū〕	چپّو	〔hairat〕	حیرت
〔jhaṭ〕	جھَٹ	〔pīchhē〕	پیچھے	〔ḥārij〕	خارِج
〔āḥirī〕	آخری	〔chīḥ〕	چیخ	〔chaupaṭ〕	چَوپَٹ
〔chhuṭāpā〕	چھُٹاپا	〔ḥairāt〕	خیرات	〔ḥār〕	خوار
〔jhabbā〕	جھَبّا	〔jhūṭ〕	جھوٹ	〔tahrīr〕	تحریر
〔harārat〕	حرارت	〔jītē〕	جیتے	〔jīt〕	جیت

三、朗读并熟记下列单词，同时划分音节：

床（阴）〔chārpā‘ ī〕	چارپائی	梦（阳）〔ḥāb〕	خواب
短袜（阴）〔jurrāb〕	جُرّاب	衣袋（阴）〔jaib〕	جیَب
小米（阳）〔bājrā〕	باجْرا	小的（形）〔chhōṭā〕	چھوْٹا
鞋（阳）〔jūtā〕	جوتا	伞（阴）〔chhatrī〕	چھتْری
好的（形）〔achhchhā〕	اَچّھا	消息（阴）〔ḥabar〕	خَبَر
讨论（阴）〔behs〕	بحْث	历史（阴）〔tārīḥ〕	تارِیخ
叔叔（阳）〔chachā〕	چَچا	报纸（阳）〔aḥbār〕	اَخْبار
侄女（阴）〔bhatījī〕	بھَتیجی	钥匙（阴）〔chābī〕	چابی

四、抄写下列字母和音节：

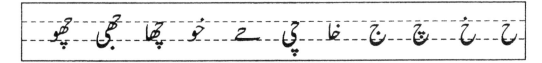

ح خ چ ج خا چی ے خو چھا جھی چھو

五、抄写下列单词：

خواب چارپائی جیب جراب چھوٹا باجرا چھتری جوتا

خبر اچھا تاریخ بحث اخبار چچا چابی بھتیجی

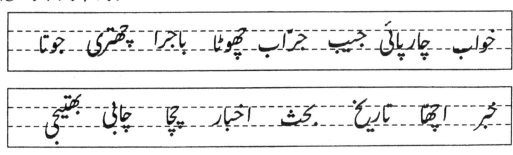

第五课 پانچواں سبق

辅　音	ژ ڑ ز ذ ڈ د
送气音	ڑھ ڈھ دھ

一、辅音

1. 辅音 د〔dāl〕是浊辅音，音标是〔 d 〕，发音要领与 ت 相同，但声带要振动。

2. 辅音 ڈ〔ḍāl〕是浊辅音，音标是〔 ḍ 〕，发音要领与 ٹ 相同，但声带要振动。

3. 辅音 ذ〔zāl〕和 ز〔zē〕是同音异形字母，都是浊辅音，音标都是〔 z 〕，发音要领与 ث 相同，但发 ذ 和 ز 时声带要振动。

4. 辅音 ڑ〔ṛē〕是浊辅音，音标是〔 ṛ 〕，发音要领是：

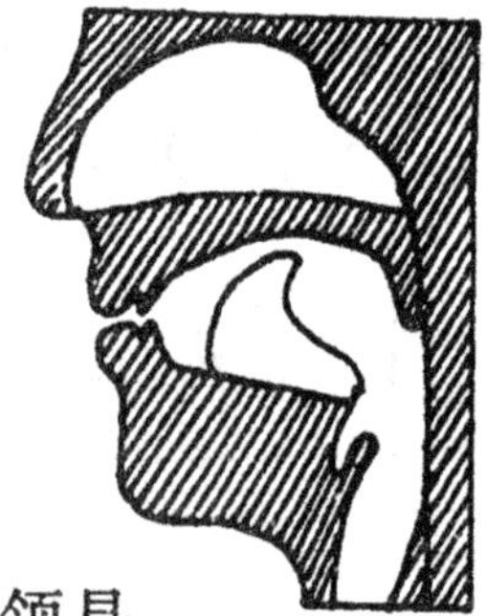

舌：舌尖向后卷起，接
　　近硬颚

气流：从口腔冲出时，
　　　舌尖迅速颤动一下

声带：振动

5. 辅音 ژ〔zhē〕是浊辅音，音标是〔zh〕，发音要领是：

舌：舌面抬起靠近硬颚
　　较后部，留有缝隙

唇:稍突

气流:从硬颚、舌面和
舌端间的缝隙中泄
出，摩擦成音

声带:振动

二、送气音

送气音دھ、ڈھ和ڑھ都是浊辅音,音标分别是〔dh〕、〔ḍh〕和〔ṛh〕。发音要领与د、ڈ和ڑ相同，但都要用强气流送气成音。

书写表　لکھنے کا ڈھنگ

名称	单写	词首	词中	词尾	书法示例		
					词首	词中	词尾
dāl	د	د	د ـد	د ـد	دور	تدبیر جدا	درد تردید
ḍāl	ڈ	ڈ	ڈ ـڈ	ڈ ـڈ	ڈبل	بڈھا	گارڈ پریڈ
zāl	ذ	ذ	ذ ـذ	ذ ـذ	ذرا	جذب	محاذ تعویذ
zē	ز	ز	ز ـز	ز ـز	زبر	ازار جزو	دراز چیز
ṛē	ڑ	无①	ڑ ـڑ	ڑ ـڑ		جاڑا بڑا	دوڑ جڑ
zhē	ژ	ژ	ژ ـژ	ژ ـژ	ژاژ	ٹیلیویژن	ژاژ

这六个字母只与前面的字母连写或单写，不与后面的字母连写。

① 在词首不出现。

口 语 مُکالمہ

请打开书！ کِتابیں کھُولئے !

请跟我读！ میرے ساتھ پَڑھئے !

大声读！ زور سے پَڑھئے !

再来一次！ پھِر ایک بار !

练 习 مَشق

一、朗读下列音素对照表：

ڑا ڑَ	ژا ژَ	ذَ زَ	ذا ذَ	ڈا ڈَ	دا دَ
ڑی ڑِ	ژی ژِ	ذِ زِ	ذی ذِ	ڈی ڈِ	دی دِ
ڑَو ڑُ	ژَو ژُ	ذُ زُ	ذَو ذُ	ڈَو ڈُ	دَو دُ
ڑے ڑٚ	ژے ژٚ	ذٚ زٚ	ذے ذٚ	ڈے ڈٚ	دے دٚ
ڑوْ ڑْ	ژوْ ژْ	ذْ زْ	ذوْ ذْ	ڈوْ ڈْ	دوْ دْ

رَ ڑَ	ذَ ژَ	دَو دَے	ڑھا ڑھَ	دَھ ڈَھ	دھا ڈھا
رِ ڑِ	ذِ ژِ	ڈَو ڈَے	ڑھی ڑِھ	دِھ ڈِھ	دھی ڈھی
رُ ڑُ	ذُ ژُ	ذَو ذَے	ڑھو ڑُھ	دُھ ڈُھ	دھو ڈھو
رٚ ڑٚ	ذٚ ژٚ	ڑَو ڑَے	ڑھے ڑٚھ	دٚھ ڈٚھ	دھے ڈھے
رْ ڑْ	ذْ ژْ	ژَو ژَے	ڑھو ڑھْ	دھْ ڈھْ	دھو ڈھو

二、朗读下列单词：

〔ḍārhī〕 ڈاڑھی　　〔dhīrē〕 دھیرے　　〔darj〕 دَرج

〔ḍar〕 ڈَر　　〔dēr〕 دیر　　〔daur〕 دَوڑ

〔zāt〕 ذات　　〔zabah〕 ذَبح　　〔zabar〕 زَبَر

〔jāṛē〕 جاڑے　　〔azhdhā〕 اژدھا　　〔dūr〕 دُور

〔ījād〕 ایجاد　　〔chhed〕 چھید　　〔adhēṛ〕 اُدھیڑ

〔paudā〕 پَودا　　〔rādhā〕 رادھا　　〔ēṛī〕 ایڑی

〔dard〕 دَرد　　〔ḍēṛh〕 ڈیڑھ　　〔had〕 حَد

三、朗读并熟记下列单词：

爷爷（阳）〔dādā〕 دادا　　乌尔都语（阴）〔urdū〕 اُردُو

东西（阴）〔chīz〕 چیز　　树　（阳）〔daraht〕 دَرَخت

一半　（数）〔ādhā〕 آدھا　　奶　（阳）〔dūdh〕 دُودھ

少许的（形）〔thōṛā〕 تھوڑا

黄的（形）〔zard〕 زرد

远的（形）〔dūr〕 دور

一点的，少许的（形）〔zarā〕 ذرا

桃子（阳）〔ārū〕 آڑو

快的（形）;〔tēz〕 تیز
聪明的

两个半（数）〔ḍhā'ī〕 ڈھائی

母绵羊（阴）〔bhēṛ〕 بھیڑ

大的（形）〔baṛā〕 بڑا

阳光（阴）〔dhūp〕 دھوپ

玻璃手镯（阴）〔chūṛī〕 چوڑی

老人（阳），〔būṛhā〕 بوڑھا
老年的（形）

四、抄写下列字母和音节：

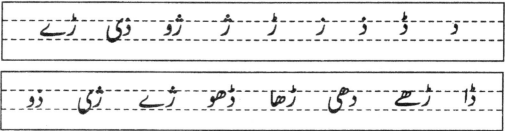

د ڈ ذ ز ڑ ژ ژو ذی ڑے

ڈا ڑھے دھی ڑھا ڈھو ژے ژی ذو

五、抄写下列单词：

اردو بوڑھا درخت دودھ آدھا ڈھائی

تھوڑا بھیڑ تیز بڑا دھوپ زرد

چوڑی دور دادا ذرا چیز آڑو

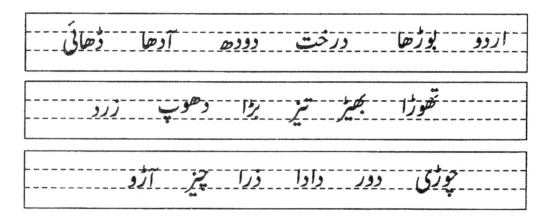

第六课 چھٹا سبق

辅音	غ ع ض ش ص س

1. 辅音س〔sīn〕和ص〔sād〕都是清辅音，音标都是〔 s 〕，发音要领与ث相同，是同音异形字母。

2. 辅音 ش〔shīn〕是清辅音，音标是〔sh〕，发音要领与ژ相同，但声带不振动。

3. 辅音 ض〔zād〕是浊辅音，音标是〔 z 〕，发音要领与ذ和ز相同，是同音异形字母。

4. 辅音ع〔'ain〕是来自阿拉伯语的辅音字母，在乌尔都语中，一般它与哪个元音拼合，就念哪个音。在乌尔都语中算作清辅音，用〔' 〕作它的音标。

5. 辅音غ〔g̣ain〕是浊辅音，音标是〔 g̣ 〕，发音部位与خ相同，但声带要振动。غ的发音要领是：

舌：舌根靠近软颚，并紧抵小舌，形成阻碍

气流：通过舌根与小舌间，摩擦成音

声带：振动

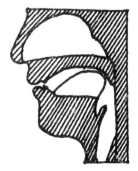

书写表 لکھنے کا ڈھنگ

名称	单写	词首	词中	词尾	书法示例		
					词首	词中	词尾
sīn	س	ﺳ	ﺴ ﺳ	س ﺲ	سر سات	بستر رسی	پاس بس
sād	ص	ﺻ	ﺼ ﺻ	ص ﺺ	صبر صدر	حصہ بصارت	خاص شخص
shīn	ش	ﺷ	ﺸ ﺷ	ش ﺶ	شہر شدید	جشن پشت	خوش پیش
zād	ض	ﺿ	ﻀ ﺿ	ض ﺾ	ضرورت ضد	عارضی تضاد	خوض بعض
‘ain	ع	ﻋ	ﻌ ﻌ	ع ﻊ	عجیب عارض	تعریف بعد	شروع شائع
gain	غ	ﻏ	ﻐ ﻐ	غ ﻎ	غریب غبارا	بغیر بغل	باغ بالغ

口 语 مکالمہ

读生词！ نئے الفاظ پڑھئے !

懂了吗? سمجھ گئے ؟

懂了。 سمجھ گیا (گئی) ۔

不懂。 سمجھ میں نہیں آیا ۔

有问题吗? کوئی سوال ہے ؟

对,有一个。 جی ہاں ، ایک سوال ہے ۔

练 习 مشق

一、朗读下列音素对照表：

غَ خَ	غا غَ	ژا شا	ژَ شَ	صَ ضَ	سا صا ضا
غِ خِ	غی غِ	ژی شی	ژِ شِ	صِ ضِ	سی صی ضی
غُ خُ	غَو غُ	ژُو شُو	ژُ شُ	صُ ضُ	سَو صَو ضَو
غ خ	غے غ	ژے شے	ژ ش	ص ض	سے صے ضے
غْ خْ	غْو غْ	ژْو شْو	ژْ شْ	صْ ضْ	سْو صْو ضْو

ضْو	صْو	شْو	سْو	غے	ضے	صے	شے	سے
ضَو	صَو	شَو	سَو	غَے	ضَے	صَے	شَے	سَے

二、朗读下列单词：

〔gurbat〕 غُربَت	〔sā‘ādat〕 سَعادَت	〔bagair〕 بَغَیر
〔arāzī〕 اَراضی	〔sā‘at〕 ساعَت	〔zarūrat〕 ضَرُورَت
〔zid〕 ضِد	〔shā‘irī〕 شاعِری	〔du‘ā〕 دُعا
〔gaur〕 غَور	〔‘aib〕 عَیب	〔‘arabī〕 عَرَبی
〔gā‘ib〕 غائِب	〔shi‘r〕 شِعر	〔shā‘i‘〕 شائِع
〔gizā〕 غِذا	〔rassī〕 رَسّی	〔shu‘ā‘〕 شُعاع
〔shash〕 شَش	〔gubārā〕 غُبارا	〔dūsrā〕 دُوسْرا

三、朗读并熟记下列单词，同时划分音节：

苹果(阳)〔sēb〕	سیب	诗人(阳)〔shā‘ir〕	شاعر
碧绿的(形)〔sarsabz〕	سرسبز	床铺(阳)〔bistar〕	بستر
请求(阴)〔darḥāst〕	درخواست	花园(阳)〔bāg̣〕	باغ
美丽的(形)〔ḥūbsūrat〕	خوبصورت	坚硬的(形)〔saḥt〕	سخت
朋友(阳)〔dōst〕	دوست	人(阳)〔shaḥs〕	شخص
正确的(形)〔sahīh〕	صحیح	红色的(形)〔surḥ〕	سرخ
高兴的(形)〔ḥush〕	خوش	早晨(阴)〔subh〕	صبح
懒惰的(形)〔sust〕	سست	妇女(阴)〔‘aurat〕	عورت
奇怪的；怪异的(形)〔‘ajīb〕	عجیب	有些的(形)〔ba‘z〕	بعض
尊严(阴)〔‘izzat〕	عزت	被子(阴)〔razā‘ī〕	رضائی

四、抄写下列字母和音节：

غ سا سی سو صے شو غو عی

ضی صو شے س ش ص ع

五、抄写下列单词：

شاعر سیب سرسبز باغ درخواست

سخت خوبصورت شخص دوست سرخ رضائی عزت

صحیح خوش عورت سست بعض عجیب

第七课 ساتواں سبق

辅　　音	گ ک ق ف ظ ط
送气音	گھ کھ

一、辅音

1. 辅音 ط〔tō'ē〕是清辅音,音标是〔t〕,发音要领与 ت 相同,是同音异形字母。

2. 辅音 ظ〔zō'ē〕是浊辅音,音标是〔z〕,发音要领与 ض、ز、ذ 相同,是同音异形字母。

3. 辅音 ف〔fē〕是清辅音,音标是〔f〕,发音要领是:

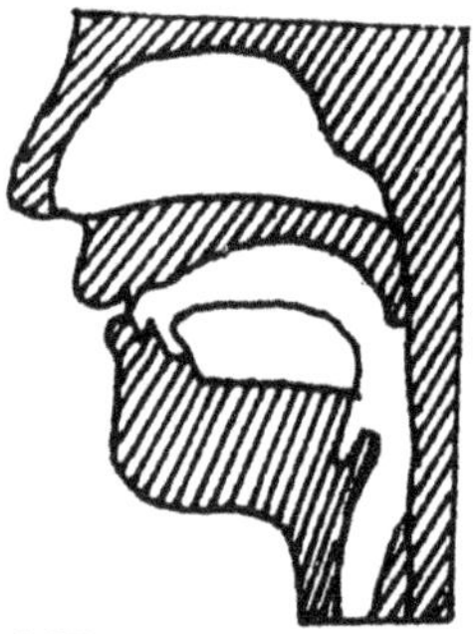

舌:上齿轻触下唇,形成
　　阻碍
气流:从唇齿间摩擦而出
声带:不振动

4. 辅音 ق〔qāf〕是清辅音,音标是〔q〕,发音要领是:

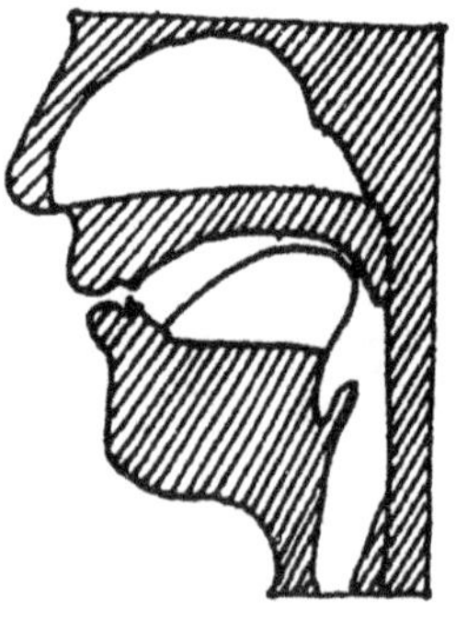

舌:舌后部向软颚抬起,舌
　　根抬起抵小舌,形成
　　阻碍
气流:冲开阻碍,破裂成音
声带:不振动

5. 辅音 ک〔kāf〕和 گ〔gāf〕是一对清浊辅音，ک 是清辅音，音标是〔k〕。گ 是浊辅音，音标是〔g〕。ک 和 گ 的发音要领是：

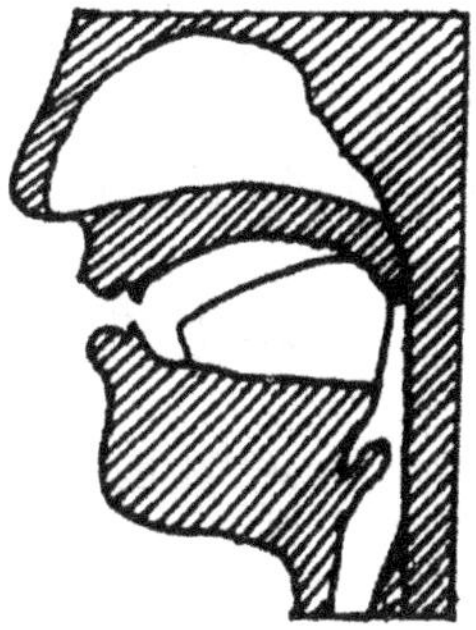

舌：舌根向软颚靠拢，形成阻碍
气流：冲开阻碍，爆破成音
声带：发 ک 时不振动，发 گ 时振动

二、送气音

送气音 کھ 和 گھ 的音标是〔kh〕和〔gh〕，发音要领与 ک 和 گ 相同，但要用强气流送气成音。

书写表　　لکھنے کا ڈھنگ

名称	单写	词首	词中	词尾	书法示例		
					词首	词中	词尾
tō'ē	ط	ط	مط ط	ط ط	طرف طوطا	رطب عطر	خطوط خط
zō'ē	ظ	ظ	ظظ نظ	ظ نظ	ظفر ظروف	حفاظت مظهر	حفاظ حفظ
fē	ف	ف ف	ف ف	ف ف	فخر فتح	سفارت دفتر	صاف خفیف
qāf	ق	ق ق	ق ق	ق ق	قبض قاف	وقت بیقرار	فرق رفیق
kāf	ک	کل ک	کا ک	ک ک	کاش کتاب	یکایک بکری	رکھ ایک
gāf	گ	گل گ	گا گ	گ گ	گلا گزر	بگاڑ رگڑ	آگ بیگ

口 语 مُکالَمہ

难吗? — مُشکِل ہے ؟

很容易。 — بَہُت آسان ہے ۔

不太难。 — زِیادَہ مُشکِل نَہیں ہے ۔

准备好了吗? — تَیار ہیں ؟

是的,准备好了。 — جی ہاں ، تَیار ہیں ۔

还没有,等一会儿。 — اَبھی نہیں ، ایک مِنَٹ رُکئے !

练 习 مَشْق

一、朗读下列音素对照表:

فا پھا	فَ پھَ	ظا سا	ظَ سَ	طا دا	طَ دَ
فی پھی	فِ پھِ	ظی سی	ظِ سِ	طی دی	طِ دِ
فو پھو	فُ پھُ	ظو سو	ظُ سُ	طو دو	طُ دُ
فے پھے	فٚ پھٚ	ظے سے	ظٚ سٚ	طے دے	طٚ دٚ
فوٗ پھوٗ	فْ پھْ	ظوْ سوْ	ظْ سْ	طوْ دوْ	طْ دْ

کھا گھا	کھَ گھَ	گا کا	گَ کَ	قَ کَ	قا کا
کھی گھی	کھِ گھِ	گی کی	گِ کِ	قِ کِ	قی کی
کھو گھو	کھُ گھُ	گو کو	گُ کُ	قُ کُ	قو کو
کھے گھے	کھٚ گھٚ	گے کے	گٚ کٚ	قٚ کٚ	قے کے
کھوْ گھوْ	کھْ گھْ	گوْ کوْ	گْ کْ	قْ کْ	قوْ کوْ

کَے گَے	فَے قَے	طَے ظَے	کَو گَو	فَو قَو	طَو ظَو
کے گے	فے قے	طے ظے	کْو گْو	فْو قْو	طْو ظْو

二、朗读下列单词：

〔khaṭak〕	کھَٹَک	〔sigrēṭ〕	سِگریٹ	〔sifārat〕	سِفارَت
〔zurūf〕	ظُرُوف	〔faqat〕	فَقَط	〔tuġrā〕	طُغرا
〔qeht〕	قَحط	〔tarīq〕	طَرِیق	〔kashtī〕	کَشتی
〔faq〕	فَق	〔qābū〕	قابُو	〔sāzgār〕	سازگار
〔ta'rīf〕	تَعرِیف	〔tāqat〕	طاقَت	〔qubūr〕	قُبُور
〔fauj〕	فَوج	〔khaṭṭā〕	کھَٹّا	〔kō'ī〕	کوئی
〔ghās〕	گھاس	〔kabhī〕	کَبھی	〔qai〕	قَے
〔kōshish〕	کوشِش	〔gadhā〕	گَدھا	〔qudrat〕	قُدرَت

三、朗读并熟记下列单词：

白的(形)	〔safaid〕	سَفَید	家　(阳)	〔ghar〕	گھَر
马　(阳)	〔ghōṛā〕	گھوڑا	椅子(阴)	〔kursī〕	کُرسی
书　(阴)	〔kitāb〕	کِتاب	山羊(阴)	〔bakrī〕	بَکری
干净的(形)	〔sāf〕	صاف	信　(阳)	〔ḥat〕	خَط
黄瓜(阴)	〔kakṛī〕	کَکڑی	衣服(阳)	〔kapṛā〕	کَپڑا

狗(阳)〔kuttā〕	کُتّا	手表(阴)〔ghaṛī〕	گھَڑی
纸(阳)〔kāgaz〕	کاغَذ	剩余的(形)〔bāqī〕	باقی
波斯语(阴)〔fārsī〕	فارْسی	保卫(阴)〔hifāzat〕	حِفاظت
鹦鹉(阳)〔tōtā〕	طوطا	成熟的(形)〔pakkā〕	پَکّا
椰枣(阴)〔khajūr〕	کھَجُور	胡萝卜(阴)〔gājar〕	گاجَر
兔子(阳)〔ḥargōsh〕	خَرگوش	白菜(阴)〔gōbhī〕	گوبھی
窗户(阴)〔khiṛkī〕	کھِڑکی	鸭子(阴)〔battaḥ〕	بَطّخ
如果(连)〔agar〕	اَگَر	近的(形)〔qarīb〕	قَرِیب
课文(阳)〔sabaq〕	سَبَق	记者，新闻工作者(阳)〔sahāfī〕	صَحافی
生存；持久(阴)[baqā]	بَقا		

四、抄写下列字母和音节：

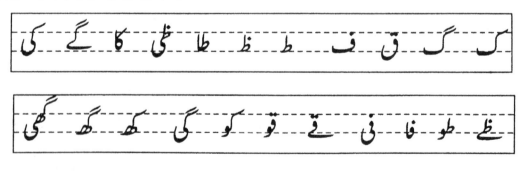

ک گ ق ف ط ظ طا ظی کا گے کی

ظے طو فا فی قے قو کو گی کھ گھ گھی

五、抄写下列单词：

گھر سفید کرسی گھوڑا بکری کتاب خط

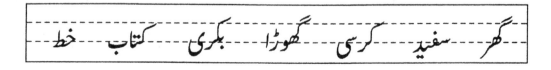

صاف کپڑا لکڑی گھڑی کتا باقی کاغذ

حفاظت فارسی پکا طوطا گاجر کھجور گوبھی

خرگوش بطخ کھڑکی قریب اگر صحافی سبق

اُبْقا

第八课 آٹھواں سبق

辅　　音	ی ه و ن م ل
送 气 音	نھ مھ لھ
鼻 化 音	ں
语音符号	（三）همزه ، دو زبر
读音规则	以 ه 结尾的波斯语词

一、辅音

1. 辅音 ل〔lām〕是浊辅音，音标是〔l〕，发音要领是：

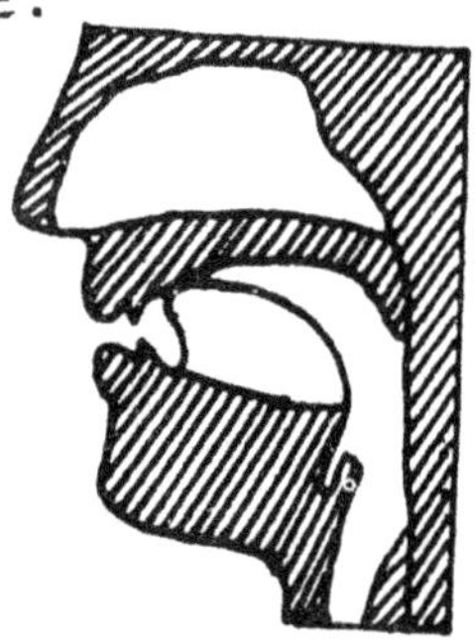

    舌：舌尖顶上齿龈，舌面向
    　　硬颚稍抬起，舌两侧留
    　　有缝隙
    气流：从舌两侧流出
    声带：振动

2. 辅音 م〔mīm〕是浊辅音，音标是〔m〕，发音要领是：

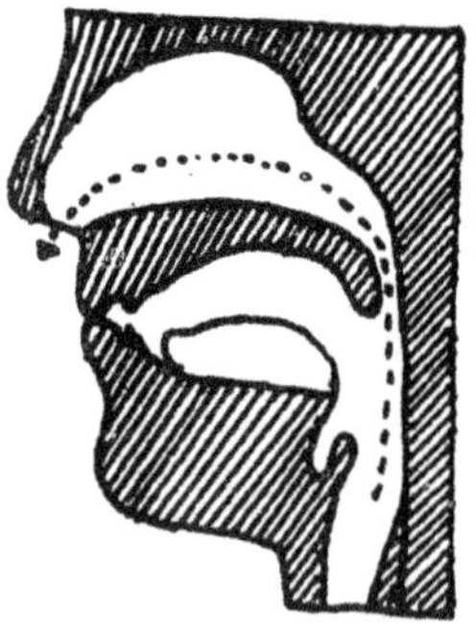

    唇：双唇合拢
    颚：软颚下垂
    气流：从鼻腔泄出
    声带：振动

3. 辅音 ن〔nūn〕是浊辅音，音标是〔 n 〕，发音要领是：

舌：舌尖紧抵上齿龈，形成阻碍

颚：软颚、小舌下垂

气流：由鼻腔泄出

声带：振动

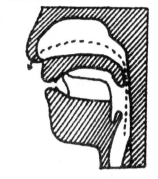

4. 辅音 و〔vā'ō〕是浊辅音，音标是〔 v 〕，发音要领与 ف 相同，但发 و 时声带要振动。

5. 辅音 ه〔hē〕是清辅音，音标是〔 h 〕，发音要领与 ح 相同，是同音异形字母。

6. 辅音 ی〔yē〕是浊辅音，音标是〔 y 〕，发音要领是：

舌：舌尖抵下齿，舌中部靠拢硬颚

气流：由舌中部与硬颚间的缝隙流出

声带：振动

二、送气音

送气音 لھ، مھ، نھ 的音标分别是〔lh〕、〔mh〕和〔nh〕，发音要领与 ل، م، ن 相同，但要用强气流送气成音。这三个送气音很少出现。

三、鼻化音

ں 又称 نون غنه〔nūnguṇnah〕，是浊辅音，音标是〔 ṇ 〕，发音要领是：

舌：舌尖抵下齿，舌根抵软颚，形成阻碍
气流：自鼻腔泄出
声带：振动

书写表　　لکھنے کا ڈھنگ

名称	单写	词首	词中	词尾	书法示例		
					词首	词中	词尾
lām	ل	لـ	لـ ـلـ	ل ـل	لاکھ لب	بلب سلام	لال حل
mīm	م	مـ	مـ ـمـ	م ـم	ماں مرد	پامال بیمار	فارم قلم
nūn	ں	نـ	ـنـ	ں ـں	نہیں نرم	انار بند	دکان رکن
vāʻō	و	و	و ـو	و ـو	وہ وطن	آواز دیوار	محو نحو
hē	ہ	ہـ	ـہـ	ہ ـہ	ہاتھ ہم	باہمی بہن	سیاہ بچہ
yē	ی	یـ	بـ بیـ	无①	یہاں یاد	حمایت خیال	

四、语音符号

1.〔 ً 〕(دو زبر)是鼻音符号，音标是〔 n 〕。用在以 ا 结尾的阿拉伯语副词词尾，读音是〔an〕。例如：فوراً〔fauran〕，تقریباً〔taqrīban〕。

2.〔 ء 〕(ہمزہ)(三)，当 ی〔 ī 〕和 ے〔 ē 〕连写时，一般要用 ء 代替 ی〔 ī 〕，两个元音仍需分别读出，符号是〔 ʻ 〕。例如：دیجئے〔dījīʻē〕，لئے〔līʻē〕。

① ی 作为辅音字母不出现在词尾。

五、读音规则

以 ہ 结尾的波斯词，ہ 前边的辅音带 زَبَر〔zabar〕音时，ہ 发长元音〔 ā 〕音。例如：بَچّہ〔bachchah〕念成〔bachchā〕，نَقشہ〔naqshah〕念成〔naqshā〕。

口 语 مُکالمہ

做完了吗？	پُورا ہو گیا ہے ؟
没有，现在还没有。	جی نہیں ، ابھی نہیں ۔
做完了。	جی ہاں ، پُورا ہو گیا ہے ۔
记住了吗？	یاد ہے ؟
我记住了。	مُجھے یاد ہے ۔
太好了。	بہت خُوب !
下课了。	کلاس خَتم ہو گئی ہے ۔

练 习 مَشق

一、朗读下列音素对照表：

ہا خا	ہَ حَ	یا یَ	وا نا	نَ وَ	لا ما	لَ مَ
ہی خی	ہِ حِ	یی یِ	وی نی	نِ وِ	لی می	لِ مِ
ہَو خَو	ہُ حُ	یَو یُ	وُو نَو	نُ وُ	لَو مَو	لُ مُ
ہے خے	ہ ح	یے ی	وے نے	ن و	لے مے	ل م
ہوْ خوْ	ہْ حْ	یوْ یْ	ووْ نوْ	نْ وْ	لوْ موْ	لْ مْ

لوْ موْ نوْ ہوْ یوْ	لے مے نے وے
لَو مَو نَو ہَو یَو	لَے مَے نَے وَے

ڑھ، ڈھ، ٹھ 这三个送气音用得很少,我们就不专门列表练习了。

二、朗读下列单词:

〔yaum〕	يَوم	〔fauran〕	فوراً	〔tabī'at〕	طَبِیعت
〔jazīrah〕	جَزِیرہ	〔jhōṇpṛā〕	جھونپڑا	〔maidān〕	مَیدان
〔'avām〕	عَوام	〔lihāz〕	لِحاظ	〔navvāb〕	نوّاب
〔haḍḍī〕	ہَڈّی	〔'amal〕	عَمَل	〔vazīr〕	وَزِیر
〔samundar〕	سَمُندَر	〔hōṇṭ〕	ہونٹ	〔bijlī〕	بِجلی
〔masalan〕	مَثَلاً	〔lakīr〕	لَکِیر	〔peṇsil〕	پِنسِل
〔shahr〕	شَہر	〔bahār〕	بَہار	〔mavēshī〕	مَویشی
〔naṇhī〕	نَنھی	〔havālah〕	حَوالہ	〔yaqīn〕	یَقِین
〔guṇgunāhaṭ〕	گُنگُناہٹ	〔chūlhā〕	چولھا	〔dūlhan〕	دُولھن
〔naṇhyāl〕	نَنھیال	〔kumhār〕	کُمھار	〔tumhārā〕	تُمھارا

三、朗读并熟记下列单词,同时划分音节:

蝴蝶(阴)〔titlī〕	تِتلی	几个的(形)〔chaṇd〕	چَند
清楚的(形)〔vāzih〕	واضح	多的(形)〔ziyādah〕	زِیادہ
杯子(阴)〔piyāli〕	پِیالی	大米(阳)〔chāval〕	چاوَل

轻的(形)〔halkā〕 ہلکا

鸡(阳)〔murg̣〕 مرغ

母亲(阴)〔māṇ〕 ماں

蓝色的(形)〔nīlā〕 نیلا

手指(阴)〔uṇglī〕 انگلی

高的(形)〔ūṇchā〕 اونچا

脸(阳)〔chehrah〕 چہرہ

软的(形)〔narm〕 نرم

房子(阳)〔makān〕 مکان

瘦的(形)〔dublā〕 دبلا

椰子(阳)〔nārīyal〕 ناریل

男人(阳)〔mard〕 مرد

门(阳)〔darvāzah〕 دروازہ

胖的;(形)〔mōṭā〕 موٹا
粗的

电视(阳) ٹیلیویژن
television〔ṭēlīvīzhan〕

部分(阳)[juzv] جزو

天气(阳)〔mausam〕 موسم

鱼(阴)〔machhlī〕 مچھلی

诗歌(阴)〔nazm〕 نظم

姊妹(阴)〔bahin〕 بہن

错误的(形)〔g̣alat〕 غلط

长的(形)〔lambā〕 لمبا

水(阳)〔pānī〕 پانی

女友(阴)〔sahēlī〕 سہیلی

黑的(形)〔kālā〕 کالا

楼房(阴)〔'imārat〕 عمارت

男孩(阳)〔laṛkā〕 لڑکا

少的(形)〔kam〕 کم

西红柿(阳)〔ṭamāṭar〕 ٹماٹر

甜的(形)〔mīṭhā〕 میٹھا

教室(阳)〔kilāsrūm〕 کلاس روم
class room

枪(阴)〔baṇdūq〕 بندوق

消失的,(形) محو
取消的[mahv]

四、抄写下列字母和音节：

لا ما نا وا ہا یا می لی

مو یو ہو ہے لے لو نھ

مھ لھ نے ہی ل م ن و ہ ی

五、抄写下列单词：

چند تتلی زیادہ واضح چاول پیالی موسم

ہلکا مچھلی مرغ نظم ماں بہن نیلا

غلط انگلی لمبا اونچا پانی چہرہ سہیلی

نرم مکان کالا دبلا عمارت بندوق

ناریل لڑکا مرد کم دروازہ

ٹماٹر موٹا میٹھا کلاس روم ٹیلیویژن

جزو محو

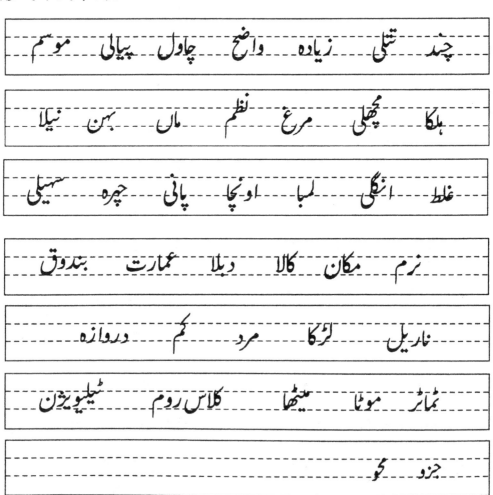

第九课 نواں سبق

语音小结 字母小结 语音符号小结

一、语音小结

乌尔都语共有 54 个音素，其中元音 12 个，辅音 42 个。

1. 元音

（1）12 个元音中有 5 个长元音，5 个短元音，2 个双元音。见下表：

短元音	اْ اٖ اُ اِ اَ	口形不变	气流不受阻碍，声带振动
长元音	وْ ے وُ ی آ		
双元音	وَ ےَ	口形变	

（2）按舌位，元音可分为前、中、后元音和双元音。见下表：

名 称	数量	字 母 符 号
前元音	4	ے اٖ ی اِ
中元音	1	اَ
后元音	5	آ وْ اْ وُ اُ
双元音	2	وَ ےَ

(3)元音舌位图如下：

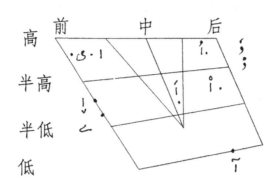

2. 辅音

乌尔都语共有42个辅音，其中有17个清辅音，25个浊辅音。见下表：

清辅音 17	(ص س) ث ٹھ ٹ تھ (ط) ت پھ پ کھ ک ق ف ع ش خ (ه) ح چھ چ	声带不振动	气流受阻碍
浊辅音 25	ض ،ز) ذ ڈھ ڈ دھ د جھ ج بھ ب م لھ ل گھ گ غ ژ ڑھ ڑ ر (ظ ی و ں نھ ن مھ	声带振动	

3. 送气音与不送气音对照表(14对)

نھ مھ لھ گھ کھ ڑھ ڈھ دھ چھ جھ ٹھ تھ پھ بھ

ن م ل گ ک ڑ ڈ د چ ج ٹ ت پ ب

4. 清浊辅音对照表(8对)

ف ک (ص، س) ث ش چ ٹ (ط) ت پ

و گ (ظ، ض، ز) ذ ژ ج ڈ د ب

乌尔都语辅音表

			双唇	唇齿	舌尖下齿背	舌尖上齿背	舌尖上齿龈	舌尖硬颚	齿龈硬颚	舌中硬颚	舌根软颚	舌根小舌	喉
爆破音	清	不送气	پ			ط،ت		ٹ			ک	ق	ع
		送气	پھ			تھ		ٹھ			کھ		
	浊	不送气	ب			د		ڈ			گ		
		送气	بھ			دھ		ڈھ			گھ		
鼻音	浊	不送气	م				ن				ں		
		送气	مھ				نھ						
摩擦音	清	不送气		ف	ص،س،ث				ش			خ	ح،ہ
	浊			و	ظ،ض،ز،ذ				ژ			غ	
颤音	浊	不送气					ر						
闪音	浊	不送气						ڑ					
		送气						ڑھ					
边音	浊	不送气					ل						
		送气					لھ						
破擦音	清	不送气							چ				
		送气							چھ				
	浊	不送气							ج				
		送气							جھ				
半元音	浊	不送气								ی			

二、字母小结

乌尔都语字母表中有 35 个字母，其中 پ، چ، ژ، گ 是来自波斯语，ٹ، ڈ، ڑ 来自印地语，其余 28 个字母来自阿拉伯语。

乌尔都语有一形多音字母，它们是 ا، و 和 ی。字母 ا 是唯一的元音字母，و 和 ی 兼作元音和辅音字母。

ا〔alif〕只作元音字母，可发 1 个长元音和 5 个短元音。例如：آپ〔āp〕、دادا〔dādā〕、اِملا〔imlā〕、اُستاد〔ustād〕、اِختیار〔eḥtiyār〕、ابُو〔abū〕等。

و〔vā'ō〕作元音字母时可以发〔ū〕、〔ō〕、〔au〕三个音。例如：وَ〔au〕：چَوڑا〔chauṛā〕、وْ〔ō〕：چوْر〔chōr〕、وُ〔ū〕：رُوح〔rūh〕。و 作辅音时发〔v〕音。例如：دَرْوازہ〔darvāzah〕、چاوَل〔chāval〕等。

ی（ ے ）〔yē〕作元音时可与辅音拼读。例如：ٹوْپی〔ṭōpī〕、زمین〔zamīn〕、جَیب〔jaib〕、دیر〔dēr〕等。ی 作辅音时书写与元音一样，音标是〔y〕。例如：یاد〔yād〕。

乌尔都语的同音异形字母有：

〔t〕 ت ط　　〔s〕 ث س ص

〔z〕 ذ ز ض ظ　　〔h〕 ح ہ

三、语音符号小结

1.〔 ~ 〕مَدّ，加在 ا 上方，表示长元音〔ā〕。

2.〔 ´ 〕زَبَر，写在有关字母上方，表示元音〔a〕、〔ai〕、〔au〕。

3.〔 ˏ 〕زیر，写在有关字母下方，表示元音〔i〕、〔ī〕。

4.〔 ُ 〕或〔 ٗ 〕پیش，写在有关字母上方，表示元音〔u〕、〔ū〕。

5.〔 ْ 〕وْ，写在有关字母上方，表示元音〔o〕、〔ō〕。

6.〔 ٖ 〕ے，写在有关字母下方，表示元音〔e〕、〔ē〕。

7.〔 ء 〕或〔 ئ 〕ہمزہ，表示相邻的两个元音不拼合。

8.〔 ْ 〕جَزْم，无元音符号。

9.〔 ّ 〕تَشْدِید，辅音重复符号。

10.〔 ً 〕دو زبر，鼻音符号。

口　语　مُکالَمہ

都到齐了吗？	کیا سَب حاضِر ہیں ؟
是的。	جی ہاں ، سَب حاضِر ہیں ۔
没有，艾哈迈德没有来。	جی نہیں ، اَحْمَد غیر حاضِر ہے ۔
他怎么了？	اُسے کیا ہو گیا؟
不知道。	مَعلوم نہیں ۔
他生病了。	وہ بیمار ہے ۔

练　习　مَشْق

一、朗读下列单词：

〔liyāqat〕 لیاقت　　〔āgāz〕 آغاز

〔ḍhīlā〕 ڈھیلا　　〔shām〕 شام

〔gōsht〕	گوشت	〔faujī〕	فوجی
〔mufīd〕	مُفید	〔ghaṇṭī〕	گھنٹی
〔faisalah〕	فیصلہ	〔safhah〕	صفحہ
〔guftugū〕	گفتگو	〔jald〕	جلد
〔muhāvarah〕	مُحاورہ	〔chhapā‘ī〕	چھپائی
〔javāb〕	جواب	〔nēkī〕	نیکی
〔alfāz〕	الفاظ	〔dāyāṇ〕	دایاں
〔hamdard〕	ہمدرد	〔khēt〕	کھیت
〔ḥidmat〕	خدمت	〔matlab〕	مطلب
〔‘azīz〕	عزیز	〔jamā‘at〕	جماعت
〔ḥulāsah〕	خلاصہ	〔gōlī〕	گولی
〔mazmūn〕	مضمون	〔masjid〕	مسجد
〔pasaṇd〕	پسند	〔ġussah〕	غصہ

二、朗读并熟记下列单词:

甘蔗(阳)〔gannā〕	گنا	鸡蛋(阳)〔aṇḍā〕	انڈا
芒果(阳)〔ām〕	آم	苦的(形)〔kaṛvā〕	کڑوا
亲戚(阳)〔rishtehdār〕	رشتہ دار	眼睛(阴)〔āṇkh〕	آنکھ
鳄鱼(阳)〔magarmachh〕	مگرمچھ	工作(阳)〔kām〕	کام
几个的,一些的(形)〔kuchh〕	کچھ	商店(阴)〔dukān〕	دکان
病人(阳)〔marīz〕	مریض	酸的(形)〔khaṭṭā〕	کھٹا
法老(阳复)[farā‘inah]	فراعنہ	尖,顶峰(阴)[chōṭī]	چوٹی

水果（阳）〔phal〕 پھل

农民（阳）〔kisān〕 کسان

可爱的（形）〔piyārā〕 پیارا

镜子（阳）〔ā‘īnah〕 آئینہ

旧的（形）〔purānā〕 پرانا

脚（阳）〔pā‘ōṇ〕 پاؤں

勤奋的（形）〔mehnatī〕 محنتی

腿（阴）〔ṭāṇg〕 ٹانگ

辉煌的（形）〔shāndār〕 شاندار

宽敞的（形）〔kushādah〕 کشادہ

橘子（阳）〔sangtarah〕 سنگترہ

花盆（阳）〔gamlā〕 گملا

房间（阳）〔kamrā〕 کمرا

床单（阴）〔chādar〕 چادر

矮的；（形）〔nīchā〕 نیچا
低的

美味的（形）[lazīz] لذیذ

柜子（阴）〔almārī〕 الماری

花（阳）〔phūl〕 پھول

战士（阳）〔sipāhī〕 سپاہی

玫瑰花（阳）〔gulāb〕 گلاب

新的（形）〔nayā〕 نیا

手（阳）〔hāth〕 ہاتھ

善良的（形）〔nēk〕 نیک

农村，村庄（阳）〔gā‘ōṇ〕 گاؤں

学生（阳复）〔tulabā〕 طلبا

女学生（阴）〔tālibah〕 طالبہ

城市（阳）〔shahr〕 شہر

香蕉（阳）〔kēlā〕 کیلا

梨（阴）〔nāshpātī〕 ناشپاتی

迷人的（形）〔dilkash〕 دلکش

正确的，（形）〔ṭhīk〕 ٹھیک
对的

喉咙（阳）[halaq] حلق

三、抄写下列单词：

انڈا گنا کڑوا آم رشتہ دار کام

مگرمچھ دکان کچھ کھٹا مریض الماری پھل

پھول کسان سپاہی پیارا گلاب آئینہ سبق نیا

پرانا ہاتھ پاؤں دلکش محنتی ٹانگ نیک

طلبا شاندار طالبہ کشادہ شہر سنگترہ کیلا

گاؤں ناشپاتی کمرہ چادر گملا ٹھیک نیچا

چوٹی فراعنہ حلق لذیذ

第十课 دسواں سبق

课文 سبق

یہ کیا ہے ؟

(۱)

یہ کیا ہے ؟ یہ جھنڈا ہے ۔

وہ کیا ہے ؟ وہ نقشہ ہے ۔

کیا یہ کاپی ہے ؟ جی ہاں ، یہ کاپی ہے ۔

کیا وہ بھی کاپی ہے ؟ جی نہیں ، وہ کاپی نہیں ، وہ کتاب ہے ۔

(۲)

یہ کیا ہیں ؟ یہ جھنڈے ہیں ۔

وہ کیا ہیں ؟ وہ نقشے ہیں ۔

کیا یہ کاپیاں ہیں ؟ جی ہاں ، یہ کاپیاں ہیں ۔

کیا وہ بھی کاپیاں ہیں ؟ جی نہیں ، وہ کاپیاں نہیں ، وہ کتابیں ہیں ۔

(۳)

یہ کیا چیز ہے ؟ یہ تالا ہے ۔

کیا یہ تالا ہے ؟ جی ہاں ، یہ تالا ہے ۔

وہ کیا چیزیں ہیں ؟ وہ چابیاں ہیں ۔

کیا وہ بھی چابیاں ہیں ؟ جی نہیں ، وہ چابیاں نہیں ، وہ تالے ہیں ۔

(۴)

یہ ایک آئینہ ہے اور وہ دو کنگھیاں ہیں ۔

یہ تین تولیے ہیں اور وہ ایک صابن ہے ۔

یہ چار لکڑیاں ہیں اور وہ ایک گوبھی ہے ۔

یہ ایک تھرمس ہے اور وہ پانچ پیالیاں ہیں ۔

生　词　　نئے اَلْفاظ

那, 那些（代）	وہ	第十（数）	دَسْواں
地图（阳）	نَقْشَہ	这, 这些（代）	یہ
本子（阴）	کاپی	什么（代）	کیا
是（副）	جی ہاں	吗（语气）	
也（语气）	بھی	是, 有, 在（不及）	ہونا
不是（副）	جی نَہِیں	旗（阳）	جھنڈا

毛巾（阳）	تَولیہ	锁（阳）	تالا
肥皂（阳）	صابُن	一（数）	ایک
四（数）	چار	和，与（连）	اَور
热水瓶（阳）	تھَرمَس	二（数）	دو
五（数）	پانْچ	梳子（阴）	کَنگھی
词（阳复）	اَلفاظ	三（数）	تین

口　语　مُکالَمہ

他请假了。	اُنھوں نے آج چھُٹی لی ہے۔
他旷课了。	انھوں نے آج چھٹی کی ہے۔
他迟到了，	اُسے دیر ہوگئی ہے۔
他大概在路上。	شاید وہ راستے میں ہے۔
他快到了。	وہ پہنچنے والا (والے ، والی) ہے (ہیں)۔

语　法　قَواعِد

一、词类

乌尔都语的词按照意义和句法作用等方面的特点，一般可以分为十大类。

词类	举例	说 明
名词	兄弟 بھائی 太阳 سورج 觉悟 شعور	表示人、事物以及抽象概念等的名词
代词	我 میں 他 وہ	用来代替名词
形容词	可爱的 پیارا 奇怪的 عجیب	表示人或事物的特征
数词	十 دس 第十 دسواں	表示数量和数目顺序
副词	常常 اکثر 快 جلد	修饰或限制动词、形容词或其他副词
动词	说话 بولنا 思索 سوچنا	表示人和事物的行为或状态
后置词	里面 میں 用、从 سے 上面 اوپر	放在名词或代词后面，表示该名词或代词在句子所处的地位及它们与其他句子成分的关系
连词	和 اور 但是 لیکن	用来连接词与词,词组 与词组,句子与句子
语气词	吗,难道 کیا 只是,就是 ہی	表示语气（加重或限制等）
感叹词	哎,唷 ارے 好极了 واہ واہ	表示说话时的惊奇、喜悦、愤怒等感情

二、名词的性

乌尔都语名词有阳性和阴性的区别。

1. 阳性名词有如下特点：

(1)以 آ 或 ہ(发〔ā〕音)结尾的名词大部分是阳性名词，如：

چہرہ ، جھنڈا ، انڈا

(2)阳性生物名词，如：مرغا ، بیٹا ، باپ ، بوڑھا

2. 阴性名词有如下特点：

(1)以 ی 结尾的名词大部分是阴性名词，如：کنگھی ، الماری

(2)阴性生物名词，如：عورت ، بھابی ، گائے

3. 相当数量的名词无明显特征，需一一牢记，如：

درخت ، بستر ، پانی ، خبر ، کھجور ، جیب

三、名词的数

乌尔都语名词有单数和复数之分。单数变复数的规则如下：

1. 阳性名词单数变为复数

(1)把名词词尾的 آ 或 ہ(发〔ā〕音)变为 ے，(读作〔ē〕)。

(2)非 آ 或 ہ 结尾的名词无单数、复数形态变化。见下表：

数 \ 词尾	آ	ہ	非 آ 或 ہ
单数	کپڑا	چہرہ	آم
复数	کپڑے	چہرے	آم

2. 阴性名词单数变为复数

(1)以ی结尾的名词在词尾加 اں 。

(2)非ی结尾的名词在词尾加یں。见下表:

词尾 / 数	ی	非ی结尾
单 数	ٹوپی	نظم
复 数	ٹوپیاں	نظمیں

四、指示代词

指示代词有یہ(指近),وہ(指远)两种。یہ既可指“这”,也可以指“这些”。وہ有“那”和“那些”的意思。它们的单复数可从句子的谓语动词中看出,如:

这是一把椅子。	یہ ایک کرسی ہے۔
这是三把椅子。	یہ تین کرسیاں ہیں۔
那是一只暖瓶。	وہ ایک تھرمس ہے۔
那是三只暖瓶。	وہ تین تھرمس ہیں۔

五、联系动词 ہونا 的一般现在时基本形式(一)

ہونا在做联系动词时,它的意思是“是”,它与前面的表语连用,组成合成谓语,表达一个完整的概念。它的一般现在时只有数和人称的区别,没有性的区别。本课中出现的 ہے 和 ہیں 是联系动词 ہونا 现在时第三人称单、复数形式。见下面例句:

这是一棵树。 یہ درخت ہے ۔（单数）

那些是毛巾。 وہ تولئے ہیں ۔（复数）

六、否定词 نہیں

在主表结构的句子中，否定词 نہیں 通常放在表语之后，这时它后面的联系动词 ہونا 可以省略。否定词 نہیں 在这种句子中起状语作用。如：

这不是苹果。 یہ سیب نہیں ہے ۔

这不是苹果。 یہ سیب نہیں ۔

练　习　مشق

一、用下列替换词回答问题：

例：یہ کیا ہے ؟ یہ کتاب ہے ۔　（书）

وہ کیا ہے ؟ وہ کاپی ہے ۔　（本子）

یہ کیا چیزیں ہیں ؟ یہ کتابیں ہیں ۔

وہ کیا چیزیں ہیں ؟ وہ کاپیاں ہیں ۔

衣服，帽子	面饼，蔬菜	花，水果
纸，报纸	苹果，桃子	床，被褥
马，绵羊	鸡，鸭	西红柿，黄瓜
鹦鹉，兔子	袜子，鞋	胡萝卜，白菜

二、把下列名词由单数变为复数：

کیلا   چابی   سہیلی   لڑکا   موسم   جوتا   کھڑکی

کھجور   کرسی   گھڑی   بکری   کتا   گنا   عورت

پھوپھی   دروازہ   پوتا   عمارت   بوڑھا   چیز   چچا

بھتیجی   تاریخ   تتلی   جیب   بیٹی   بات   پراٹھا

بھائی   بھابی

三、对下列问题给以肯定和否定的回答：

۱۔ کیا یہ گوبھی ہے ؟ (گاجر)

۲۔ کیا وہ کتے ہیں ؟ (بکری)

۳۔ کیا یہ سبق ہے ؟ (خط)

۴۔ کیا وہ ناشپاتیاں ہیں ؟ (کیلا)

۵۔ کیا یہ پانی ہے ؟ (دودھ)

۶۔ کیا وہ پانچ تتلیاں ہیں ؟ (ایک)

۷۔ کیا یہ تین کھڑکیاں ہیں ؟ (دروازہ)

۸۔ کیا وہ ایک کھجور ہے ؟ (تین)

۹۔ کیا یہ چار انگلیاں ہیں ؟ (ٹانگ)

۱۰۔ کیا وہ باجرا ہے ؟ (چاول)

四、把下列句子译成乌语：

1. 这是树，那是花。

2. 这是山羊,那也是山羊。
3. 那是什么?那是甘蔗。
4. 这是商店吗?不,这不是商店。
5. 那是面粉吗?是的,是面粉。
6. 这是五条鱼吗?不是,这是五根黄瓜。
7. 这是四个房间吗?是的,是四个房间。
8. 那是两面镜子吗?不是,那是两把梳子。
9. 这是六个梨吗? 不是, 这不是六个梨, 这是三个橘子和三个苹果。
10. 这是五首诗,那也是五首诗。

五、翻译下列词组:

三面镜子	四张报纸	两只手表
四个桃子	三首诗	三把梳子
四个书柜	四只狗	一张面饼
三个杯子	三棵树	五只鹦鹉
两个鸡蛋	五把椅子	五个妇女

گیارہواں سبق 第十一课

سبق 课文

یہ کون ہے ؟

یہ کون ہے ؟ یہ آفتاب ہے ، آفتاب طالب علم ہے ۔

وہ کون ہے ؟ وہ زاہدہ ہے ، زاہدہ ایک نرس ہے ، دونوں بھائی بہن ہیں ۔

یہ کون ہیں ؟ یہ بیٹے ہیں ۔

وہ کون ہیں ؟ وہ بیٹی اور بھتیجی ہیں ، دونوں لڑکیاں ہیں ۔

کیا فاطمہ چچی ہیں ؟ جی ہاں ، وہ چچی ہیں ۔

کیا وہ پانچ بوڑھیاں سب چچیاں ہیں ؟ جی نہیں ، وہ چچیاں نہیں ، دو نانیاں ہیں اور تین دادیاں ہیں ۔

یہ چھ بھائی ہیں اور وہ آٹھ بہنیں ہیں ۔

یہ ایک بچہ ہے اور وہ نو بچیاں ہیں ۔

یہ ایک استاد ہیں اور وہ دس طالب علم ہیں ۔

یہ چھ نوجوان ہیں اور وہ سات بوڑھے ہیں ۔

生 词 نئے الفاظ

老妇人(阴)	بُڑھیا	第十一(数)	گیارہواں
所有的(形)	سَب	谁(代)	کَون
姥姥(阴)	نانی	阿芙塔布(男名)	آفتاب
奶奶(阴)	دادی	学生(阳)	طالبِ علم
小男孩(阳)	بَچّہ	查希达(女名)	زاہِدہ
六(数)	چھ	护士(阴)	نَرس
小女孩(阴)	بَچّی	俩(数)	دونوں
老师(阳)	اُستاد	儿子(阳)	بیٹا
十(数)	دَس	女孩(阴)	لڑکی
青年(阳)	نَوجَوان	法蒂玛(女名)	فاطِمہ
七(数)	سات	婶婶 (阴)	چچی

口 语 مُکالمہ

现在听写,我念,你们写。 اِملا شُروع کریں ، میں بولتا ہوں ، تُم لِکھو !

认真写。 اچھی طَرح لکھو !

写得清楚些。 صاف صاف لِکھو !

写得漂亮些。 خُوش خَط لِکھو !

语　法　قواعِد

特殊疑问句与一般疑问句

1. 特殊疑问句

就句中某一部分提问的疑问句，叫做特殊疑问句。特殊疑问句的疑问词有两类，一类是疑问代词，另一类是疑问副词。疑问代词有 کیا 和 کون 等。疑问副词有 کب（什么时候）、کہاں（哪里）等。特殊疑问句的词序与陈述句的词序相同。例如：

这是什么？	یہ کیا ہے ؟
这是地图。	یہ نقشہ ہے ۔
那是谁？	وہ کون ہے ؟
那是阿芙塔布。	وہ آفتاب ہے ۔

2. 一般疑问句

就某事是否属实提出疑问的句子叫做一般疑问句。它由陈述句首加语气词 کیا 构成。它一般用 جی ہاں 或 جی نہیں 来回答。例如：

这是肥皂吗？	کیا یہ صابن ہے ؟
是的，这是肥皂。	جی ہاں، یہ صابن ہے ۔
不，这不是肥皂。	جی نہیں، یہ صابن نہیں ۔

练　习　مَشق

一、替换练习：

例1: یہ <u>ایک لڑکا</u> ہے اور وہ <u>تین لڑکیاں</u> ہیں ۔

四个工人　　一个农民
六个女儿　　一个儿子
三位婶婶　　一位叔叔
八个姐妹　　一个兄弟
九个女人　　一个男人
五个小男孩　一个小女孩

例2: یہ چھ مریض ہیں اور وہ دو نرسیں ہیں ۔

四个姑姑　　五个嫂子
六位老妇人　三位老翁
七个小男孩　八个小女孩
五位战士　　四位记者
十位奶奶　　九位姥姥
三个女友　　两个女学生
五个孙子　　七位爷爷

二、对下列问题分别给以肯定和否定的回答:

۱۔ کیا وہ دو لڑکیاں ہیں ؟ (لڑکے)

۲۔ کیا یہ پانچ بچے ہیں ؟ (بچیاں)

۳۔ کیا وہ ایک سپاہی ہے ؟ (مزدور)

۴۔ کیا یہ دونوں بیٹیاں ہیں ؟ (بھتیجیاں)

۵۔ کیا وہ شاعر ہے ؟ (صحافی)

۶۔ کیا یہ دونوں دوست ہیں ؟ (بھائی بہن)

۷۔ کیا زاہدہ اور آفتاب دونوں رشتہ دار ہیں ؟ (دوست)

۸۔ کیا وہ چار آدمی بوڑھے ہیں ؟ (نوجوان)

۹۔ کیا یہ چھ مرد کسان ہیں ؟ (طالب علم)

۱۰۔ کیا وہ لڑکے اور لڑکیاں سب طلبا ہیں ؟ (سپاہی)

三、翻译下列词组：

五位战士　　　　十位诗人　　　　九位护士

六个姐妹　　　　姥姥和奶奶　　　三个兄弟

所有的学生　　　老人和孩子们　　两位嫂子

四、将下列句子翻译成乌尔都语：

1. 这是谁？这是艾哈迈德。

2. 那是谁？那是奶奶和爷爷。

3. 那四位年轻人是学生吗？不是，那四位不是学生，是战士。

4. 这是谁？这是六兄弟。

5. 那五个女孩都是护士吗？不，不是护士，是女大学生。

6. 这是两个小男孩，那是三个小女孩。这是三位嫂子，那是两位婶婶。

第十二课　بارہواں سبق

课　文　سبق

میں ، آپ ، وہ

(۱)

میں طالب علم ہوں ۔ آپ استاد ہیں ۔ وہ کلرک ہیں ۔ ہم سب چینی ہیں ۔

میں ڈاکٹر ہوں ۔ تم ادیب ہو ۔ وہ سائنس دان ہیں ۔ ہم لوگ دانشور ہیں ۔

میں امریکی ہوں ۔ تم پاکستانی ہو ۔ وہ بھارتی ہے ۔ ہم تینوں دوست ہیں ۔

(۲)

آپ کون ہیں ؟ میں ایک باورچی ہوں ۔

تم کون ہو ؟ میں ایک ڈرائیور ہوں ۔

تو کون ہے ؟ میں ایک بچہ ہوں ۔

یہ دونوں کون ہیں ؟ ایک اداکارہ ہے اور دوسرا اداکار ہے ؟

یہ دونوں ساتھی اور پڑوسی بھی ہیں ۔

ہم مزدور ، کسان ، سپاہی اور دانشور ہیں ۔ ہم سب چین کے مالک ہیں ۔

(۳)

کیا آپ فنکار ہیں ؟ جی ہاں ، میں فنکار ہوں ۔

کیا تم چوکیدار ہو ؟ جی نہیں ، میں چوکیدار نہیں ، میں درزی ہوں ۔

کیا وہ مہمان ہیں ؟ جی ہاں ، وہ مہمان ہیں ۔

کیا تو بچہ ہے ؟ جی نہیں ، میں بچہ نہیں ، میں بچی ہوں ۔

کیا وہ سب کوچ ہیں ؟ جی نہیں ، وہ کوچ نہیں ، وہ کھلاڑی ہیں ۔

生　词　نئے الفاظ

بارہواں	第十二(数)
میں	我(代)
وہ	他，他们(代)
کلرک	职员(阳)
ہم	我们(代)
چینی	中国人(阳)；中国的(形)
ڈاکٹر	医生(阳)
تم	你，你们(代)
ادیب	文学家(阳)
سائنس دان	科学家(阳)
لوگ	人们(阳复)
دانشور	知识分子(阳)
امریکی	美国人(阳)；美国的(形)
پاکستانی	巴基斯坦人(阳)；巴基斯坦的(形)
بھارتی	印度人(阳)；印度的(形)
تینوں	三个(数)
باورچی	厨师(阳)
ڈرائیور	司机(阳)

……的(后)	کے	你(代)	تو
主人(阳)	مالک	他,他们(代)	یہ
艺术家(阳)	فنکار	男演员(阳)	اداکار
门卫(阳)	چوکیدار	第二(数)	دوسرا
裁缝(阳)	درزی	女演员(阴)	اداکارہ
客人(阳)	مہمان	伙伴(阳)	ساتھی
教练(阳)	کوچ	邻居的(阳,形)	پڑوسی
运动员(阳)	کھلاڑی	工人(阳)	مزدور
		中国(阳)	چین

口　语　مکالمہ

我能问一个问题吗?	میں ایک سوال پوچھ سکتا ہوں ؟
这个字是什么意思?	اس لفظ کا کیا مطلب ہے ؟
您会了吗?	کیا آپ کو آ گیا ہے ؟
还不懂,请再讲一次。	ابھی نہیں ، پھر ایک دفعہ سمجھائیے !

语　法　قواعد

一、人称代词

1. 乌尔都语的人称代词有人称和数的区别。见下表:

数 人称	单　数	复　数
第一人称	我　میں	我们　ہم
第二人称	你　تو 你　تم 您　آپ	你们　تم 你们　آپ
第三人称	他 她　وہ، یہ 它	他们 她们　وہ، یہ 它们

2. 第二人称代词的用法

تو 的用法有两种，一种是上对下用，如父母对子女用，主人对仆人用；另一种是对真主用，表示真主是唯一的。

تم 一般用在平辈之间，父母对子女讲话时也用，它既可指单数，又可指复数。

آپ 是第二人称的尊敬形式，相当于汉语的“您”，它既可指单数，又可指复数。

3. وہ، یہ 既是指示代词，又是人称代词。

二、联系动词 ہونا 的一般现在时基本形式（二）

ہونا 的一般现在时的基本形式有四种，即 ہیں، ہے، ہو، ہوں 。它们在句子中与表语配合，用来说明主语目前的情况与状态。它有人称和数的变化。见下表：

数 人称	单数	复数
第一人称	میں ہوں	ہم ہیں
第二人称	تو ہے	تم ہو
	تم ہو	
	آپ ہیں	آپ ہیں
第三人称	یہ ہے	یہ ہیں
	وہ ہے	وہ ہیں

第三人称的 وہ ہیں ، یہ ہیں 也可以用来表示第三人称单数的尊敬形式。例如：

他是一名教员。（一般形式） وہ ایک استاد ہے ۔

他是一位教师。（尊敬形式） وہ ایک استاد ہیں ۔

练 习 مَشْق

一、用 ہونا 的一般现在时的适当形式填空：

۱۔ میں طالب علم ______ ۔

۲۔ آپ دانشور ______ ۔

۳۔ تو بچہ ______ ۔

۴۔ وہ ڈرائیور ______ ۔

۵۔ تم لڑکی ______ ۔

۶۔ وہ لڑکا کون ______ ؟

۷۔ تم لوگ طلبا ______ ؟

۸۔ ہم باورچی ______ ۔

۹۔ وہ دونوں کون ______ ؟

۱۰۔ کیا وہ بوڑھا دادا ______ ؟

۱۱۔ تم صحافی ــــــــــــ ۔   ۱۲۔ کیا یہ چار مرد ڈاکٹر ــــــــــــ ؟

۱۳۔ کیا سب کوچ نوجوان ــــــــــــ ؟   ۱۴۔ تم تینوں کھلاڑی ــــــــــــ ؟

二、用下列名词与人称代词、ہونا 的一般现在时基本形式搭配练习主、
表、谓结构的句子：(例：میں طالب علم ہوں)

۱۔ ڈاکٹر   ۲۔ سپاہی   ۳۔ اداکار   ۴۔ اداکارہ

۵۔ فنکار   ۶۔ ادیب   ۷۔ چوکیدار   ۸۔ درزی

۹۔ چینی   ۱۰۔ پاکستانی   ۱۱۔ شاعر   ۱۲۔ ڈرائیور

۱۳۔ استاد   ۱۴۔ کلرک   ۱۵۔ کسان   ۱۶۔ بچہ

三、对下列问题分别给以肯定和否定的回答：

例： کیا وہ ایک سپاہی ہے ؟

جی ہاں ، وہ ایک سپاہی ہے ۔

جی نہیں ، وہ سپاہی نہیں، طالب علم ہے ۔

۱۔ کیا آپ دانشور ہیں ؟ (مزدور)

۲۔ کیا تم باورچی ہو ؟ (درزی)

۳۔ کیا وہ ادیب ہیں ؟ (صحافی)

۴۔ کیا ہم فنکار ہیں ؟ (کسان)

۵۔ کیا تو بچہ ہے ؟ (بچی)

۶۔ کیا یہ چار بھارتی ہیں ؟ (پاکستانی)

۷۔ کیا وہ لڑکے ہیں؟ (لڑکیاں)

۸۔ کیا وہ لوگ عورتیں ہیں (مرد)

四、把下列句子译成乌尔都语：

1. 他是谁？
2. 我是老师。
3. 您是科学家吗？
4. 你是司机吗？
5. 这是学生。
6. 我们都是朋友。
7. 你是巴基斯坦人吗？是的，我是巴基斯坦人。
8. 他俩是美国人吗？不是，他俩不是，他俩是印度人。
9. 那是一位老师和五位学生吗？
10. 这是艾哈迈德，那是查希达。
11. 你们都是巴基斯坦学生吗？
12. 您是一位医生，我是一个护士，我们都是医院的主人。

第十三课　تیرہواں سبق

课文　سبق

ایک کارخانہ

(۱)

یہ کیا ہے؟ یہ کارخانہ ہے۔

کیا یہ ایک بڑا کارخانہ ہے؟ جی نہیں، یہ بڑا کارخانہ نہیں، چھوٹا ہے۔

وہ کیا ہیں؟ وہ مشینیں ہیں۔

کیا وہ نئی مشینیں ہیں؟

جی نہیں، وہ پرانی مشینیں ہیں، لیکن کارآمد ہیں۔

(۲)

سورج روشن ہے، دھوپ سنہری ہے۔

آسمان نیلا ہے، بادل سفید سفید ہیں۔

زمین ہری بھری ہے، پہاڑیاں سبز ہیں۔

پھول سرخ اور تازہ ہیں۔ درخت بڑے اور اونچے ہیں۔

پرندے پیارے ہیں، بچے بھی پیارے ہیں۔

یہ بہار ہے، موسم سہانا ہے۔

یہ کتنا خوبصورت منظر ہے! یہ کتنی رنگ برنگی تصویر ہے!

生　词　　نئے الفاظ

绿油油的(形)	ہرا بھرا	第十三(数)	تیرہواں
山丘,小山(阴)	پہاڑی	工厂(阳)	کارخانہ
绿色的(形)	سبز	机器(阴)	مشین
新鲜的(形)	تازہ	但是(连)	لیکن
鸟(阳)	پرندہ	有用的(形)	کارآمد
春天(阴)	بہار	太阳(阳)	سورج
多么(副)	کتنا	明亮的(形)	روشن
景色,风景(阳)	منظر	金色的(形)	سنہرا
五颜六色的(形)	رنگ برنگا	天,天空(阳)	آسمان
图片,照片(阴)	تصویر	云(阳)	بادل
赏心悦目的(形)	سہانا	大地,土地(阴)	زمین

口 语 مُکالمہ

静一下!	خاموش رہیئے !
谁先说?	کون پہلے بولے گا؟
我来试一下。	میں کوشش کروں گا ۔
他说得对吗?	وہ ٹھیک کہتا ہے ؟
他说得很好。	وہ بہت اچھا بولتا ہے ۔

语 法 قواعِد

形容词

1. 形容词的性数变化

乌尔都语中的一部分形容词有性和数的变化。有性数变化的形容词有如下特点：以 آ 结尾的形容词一般要根据它所修饰的中心词的性数发生词尾变化。以 نیا 为例,其变化如下：

数＼性	阳 性	阴 性
单 数	نیا نقشہ	نئی الماری
复 数	نئے نقشے	نئی الماریاں

不以 آ 结尾的形容词没有性数变化。

2. 形容词的作用

(1)作定语

形容词作定语时,它放在名词前修饰和限制名词,此时该名词为中心语,以 آ 结尾的形容词与中心语的性数应一致。例如：

这是一本好书。　　یہ ایک اچھی کتاب ہے۔

（定语：اچھی　中心语：کتاب）

(2)作表语

形容词作表语时，放在作主语的名词或代词后，联系动词之前，用来说明主语的特征。以 ا 结尾的形容词与主语的性数应一致。例如：

那个少女漂亮。　　وہ لڑکی خوبصورت ہے۔

（主语：وہ لڑکی　表语：خوبصورت）

这些帽子大。　　یہ ٹوپیاں بڑی ہیں۔

（主语：یہ ٹوپیاں　表语：بڑی）

练　习　　مَشْق

一、写出下列词组的性数变化：

例：اچھا لڑکا: اچھے لڑکے ، اچھی لڑکی ، اچھی لڑکیاں

۱۔ ہوشیار بچہ (بچی)　　۲۔ موٹا ہاتھ (انگلی)

۳۔ اونچا پہاڑ (الماری)　　۴۔ بڑا کارخانہ (مشین)

۵۔ چھوٹی ناشپاتی (سیب)　　۶۔ میٹھا آم (کھجور)

۷۔ آدھا ٹماٹر (لکڑی)　　۸۔ رنگ برنگا کپڑا (ٹوپی)

۹۔ کالی تتلی (مگرمچھ)　　۱۰۔ پرانی جراب (جوتے)

۱۱۔ لمبا لڑکا (لڑکی)　　۱۲۔ پیارا بچہ (بچی)

二、对下列问题给以否定的回答（用反义的形容词）：

۱۔ کیا یہ چابی نئی ہے ؟

۲۔ کیا یہ مشین بڑی اور اونچی ہے ؟

۳۔ کیا یہ سیب سبز اور کھٹا ہے ؟

۴۔ کیا یہ خط لمبا ہے ؟

۵۔ کیا یہ پانی زیادہ ہے ؟

۶۔ کیا یہ کھجور کڑوی ہے ؟

۷۔ کیا یہ مشین ہلکی اور پرانی ہے ؟ (بھاری)

۸۔ کیا آفتاب دبلا اور سست ہے ؟

۹۔ کیا یہ دودھ گرم ہے ؟ (ٹھنڈا)

۱۰۔ کیا یہ ناشپاتی کچی اور سخت ہے ؟

۱۱۔ کیا وہ لڑکی تندرست ہے ؟ (کمزور)

۱۲۔ کیا یہ بات بری ہے ؟

۱۳۔ کیا یہ خبریں غلط ہیں ؟

۱۴۔ کیا یہ بھیڑیں چھوٹی اور موٹی ہیں ؟

三、把下列句子译成乌语：

1. 太阳又红又亮。
2. 孩子们多么高兴啊！
3. 这是一件奇怪的事情。
4. 这是五只白绵羊和七匹黑马。

5. 这些白菜和胡萝卜又新鲜又好看。
6. 这只鸡和那只鸭又大又肥。
7. 那是一些色彩斑斓的蝴蝶。
8. 这房间又宽敞又明亮。
9. 这些香蕉和橘子是黄色的。
10. 剩下的衣服是绿色和红色的。
11. 这些椰子不酸,是甜的。
12. 这条消息好,那条消息也好。

第十四课 چودہواں سبق

课文 سبق

میرا گھرانہ

الف: آپ کا نام کیا ہے ؟

ب: میرا نام یانگ ہوا ہے ۔

الف: آپ کہاں کے رہنے والے ہیں ؟

ب: میں بیجنگ کا رہنے والا ہوں ۔

الف : آپ کی عمر کیا ہے ؟

ب : میری عمر اٹھارہ سال ہے ۔ (میں اٹھارہ سال کا ہوں)

الف: کیا آپ کے والد ایک انجینیر ہیں ؟

ب: جی ہاں، وہ بجلی گھر کے انجینیر ہیں ۔

الف: کیا آپ کی والدہ بھی انجینیر ہیں ؟

ب: جی نہیں ، میری والدہ انجینیر نہیں ، وہ ڈاک خانے کی ایک کلرک ہیں ۔

الف: آپ کے کتنے بھائی بہنیں ہیں ؟

ب: میرے ایک بڑے بھائی ، ایک بڑی بہن اور ایک چھوٹا بھائی ہے ۔

الف: کیا آپ کے بڑے بھائی ایک مزدور ہیں ؟

ب : جی ہاں ، وہ ٹیکسٹائل مل کے ایک مثالی مزدور ہیں ۔ ان کے بال بچے بھی
ہیں ۔ ان کے پاس ایک عمدہ فلیٹ بھی ہے ۔

الف : کیا آپ کی بڑی بہن ایک ٹیچر ہیں ؟

ب : جی نہیں ، وہ ٹیچر نہیں ، ایک اداکارہ ہیں ۔

الف : وہ اسٹیج کی اداکارہ ہیں یا فلم کی ؟

ب : وہ فلم کی اداکارہ ہیں ۔

الف : کیا آپ کا چھوٹا بھائی طالب علم ہے ؟

ب : جی ہاں ، وہ ایک طالب علم ہے ، وہ بڑا محنتی اور ذہین ہے ،
پڑھائی کا شوقین ہے ۔ اس کے پاس ایک کمپیوٹر سیٹ اور بہت سی کتابیں ہیں ۔

الف : آپ کا گھرانہ واقعی ایک اچھا گھرانہ ہے ۔

ب : شکریہ ، میرا گھرانہ خوش حال گھرانہ ہے ۔

生 词 نئے الفاظ

چَودھواں	第十四(数)	رہنے والا	居住者(阳)
میرا	我的(代)	عُمر	年龄(阴)
گھرانہ	家庭(阳)	اٹھارہ	十八(数)
کا	……的(后)	سال	年;岁(阳)
نام	名字(阳)	والد	父亲(阳)
کہاں	哪儿,何处(副)	انجینیر	工程师(阳)engineer

舞台(阳)	سٹیج	发电厂(阳)	بجلی گھر
或者(连)	یا	母亲(阴)	والدہ
电影(阴,阳)	فلم	多少的(形)	کتنا
聪明的(形)	ذہین	邮局(阳)	ڈاک خانہ
读书,学习(阴)	پڑھائی	纺织厂(阴)	ٹیکسٹائل مل
爱好者(阳)	شوقین		textile mill
电脑(阳)	کمپیوٹر	模范的,典型的(形)	مثالی
套,组(阳)	سیٹ	妻子儿女(阳复)	بال بچے
的确(副)	واقعی	附近(阳)	پاس
谢谢,感谢(阳)	شکریہ	……附近(后)	کے پاس
老师(阳)	ٹیچر	好的,优良的(形)	عمدہ
幸福的(形)	خوش حال	一套房间(阳)	فلیٹ

口 语 مکالمہ

دوپہر ہوگئی ہے ، مجھے بھوک لگ رہی ہے اور آپ کو ؟

到中午了,我饿了,你呢?

我很渴。

مجھے بہت پیاس لگ رہی ہے ۔

我喜欢(吃)米饭。

مجھے چاول پسند ہے ۔

走,去吃饭。

چلیں ، کھانے کو چلیں ۔

注　释　تشریحات

您是哪儿人？　　　　آپ کہاں کے رہنے والے ہیں؟

我是北京人。　　　　میں بیجنگ کا رہنے والا ہوں ۔

这是一个固定句型，地点后的 کا (کی ، کے) 和 والا (والی ، والے) 要根据主语的性数变化。例如：

那个女孩是上海人。　　　　وہ لڑکی شنگھائی کی رہنے والی ہے ۔

他们是香港人。　　　　وہ ہانگ کانگ کے رہنے والے ہیں ۔

语　法　قواعد

一、物主代词

1. 表示所有关系的代词叫物主代词，乌尔都语中物主代词的基本形式如下：

人称＼数	单数	复数
第一人称	میرا	ہمارا
第二人称	تیرا	تمہارا
	تمہارا	
	آپ کا	آپ کا
第三人称	اس کا	ان کا
	اس کا	ان کا

ان کا 又是第三人称阳性单数的尊敬形式。如：

他的信　ان کا خط　他的兄弟　ان کا بھائی

2. 物主代词具有形容词的特点，它要随后面的名词的性数起性数变化。例如：

（阴性单数）　میری گھڑی　（阳性单数）　میرا کپڑا

（阴性复数）　میری گھڑیاں　（阳性复数）　میرے کپڑے

3. 物主代词的作用

物主代词在句子中具有形容词的作用。

(1)一般在名词前修饰和限制这个名词，在句中作定语用。例如：

他的妹妹是护士。　اس کی بہن ایک نرس ہے۔

（اس کی：定语；بہن：中心语）

这是我父亲。　یہ میرے والد ہیں۔

（میرے：定语；والد：中心语）

(2)物主代词在句中可以用作表语。用作表语的物主代词放在主语后边，联系动词前面，其性数与主语一致。如：

这个房间是我的。　یہ کمرا میرا ہے۔

这张照片是您的。　یہ تصویر آپ کی ہے۔

这本书是你的。　یہ کتاب تمہاری ہے۔

这个工作是他的。　یہ کام ان کا ہے۔

二、后置词 کا، کے، کی

名词一般不能直接作定语来修饰名词，需要在两个名词中间加上一个相当汉语的“的”字的 کا، کے، کی 。کا، کے، کی 的选择要根据中心语的性数而定。例如：

（阴性单数） کسان کی بیٹی （阳性单数） کسان کا بیٹا

（阴性复数） کسان کی بیٹیاں （阳性复数） کسان کے بیٹے

三、实义动词 ہونا（一）

动词 ہونا 作联系动词时，它的意思是"是"，但在作实义动词时，它的意思是"有"或"在"，并在句中作谓语。本课文出现的 ہونا 的意思是"有"。实义动词 ہونا 的基本形式与联系动词 ہونا 的现在时基本形式都是 ہوں ، ہو ، ہے ، ہیں 。但是，乌尔都语中表示有人和有物所用的句型不同，需逐一记住。

1. 表示某人有某亲戚朋友等，指人不指物，其句型是：

物主代词（或者名词 + کا، کے، کی） + 某人 + 动词 ہونا 的变化形式。例如：

我有一个兄弟。 میرا ایک بھائی ہے ۔

婶婶有两个女儿。 چچی کی دو بیٹیاں ہیں ۔

你妹妹有两个孩子。 تمہاری چھوٹی بہن کے دو بچے ہیں ۔

要注意其中的物主代词或后置词的性数与中心语一致。

2. 表示某人有某物的句型是：

物主代词的阳性复数（或者名词后加 کے ）+ پاس + 某物 + 动词 ہونا 的变化形式 。例如：

我有一件新衣服。 میرے پاس ایک نیا کپڑا ہے ۔

她有两把梳子。 ان کے پاس دو کنگھیاں ہیں ۔

小王有一个热水瓶。 شاؤ وانگ کے پاس ایک تھرمس ہے ۔

如果物主代词有两个并列的中心语，则物主代词的性数随最近的中心语变。例如：

我的父亲和母亲。　　　　　　　میرے والد اور والدہ

我的母亲和父亲。　　　　　　　میری والدہ اور والد

她的褥子和被子。　　　　　　　اس کا بستر اور رضائی

四、主谓一致问题

在乌尔都语句子中，谓语的性数一般应与主语一致，这叫做主谓一致。例如：

他是男孩。　　　　　　　　　　وہ لڑکا ہے۔

如果句子同时出现几个并列主语，谓语动词就随最近一个主语变。例如：

کمرے میں دو کرسیاں اور ایک میز ہے۔

房间里有两把椅子和一张桌子。

如果句子的并列主语都是人，谓语动词既可以随最近一个主语变化，也可以用复数形式 ہیں。例如：

میرے ایک بڑے بھائی ، ایک بڑی بہن اور ایک چھوٹا بھائی ہے (ہیں)۔

我有一个哥哥、一个姐姐和一个弟弟。

另外，有时为了表示尊敬，即使主语是单数，谓语动词也可以用复数形式。例如：

کیا آپ کی بڑی بہن ایک ٹیچر ہیں ؟

您的姐姐是教师吗？

在主谓一致中，谓语动词不受表语的影响。例如：

我 18 岁。　　　　　　　　　　میری عمر اٹھارہ سال ہے۔

练　习　مشق

一、用适当的物主代词或后置词填空：

۱۔ ＿＿＿ نام کیا ہے ؟

۲۔ یہ آپ ＿＿＿ ماں ہیں ؟

۳۔ ＿＿＿ کلاس روم صاف اور روشن ہے ۔

۴۔ ＿＿＿ والد یونیورسٹی ＿＿＿ استاد ہیں ؟

۵۔ یہ ٹوپی ＿＿＿ ہے ۔

۶۔ ان ＿＿＿ کتنے بھائی بہنیں ہیں ؟

۷۔ یہ طلبا ＿＿＿ کاپیاں ہیں ۔

۸۔ یہ تیرے بڑے بھائی ＿＿＿ خط ہے ۔

۹۔ کیا وہ ＿＿＿ سہیلی ہے ؟

۱۰۔ شاؤ وانگ ＿＿＿ بہن بہت خوبصورت ہیں ۔

二、做“某人有某物“的练习：

例：میرے پاس چابی ہے ۔　　　آپ کے پاس تالا ہے ۔

你有黄芒果。	你有三双蓝袜子。
男孩子们有好看的梳子。	女孩子们有明亮的镜子。
学生们有乌尔都语报纸。	老师有波斯语书。
知识分子有纸和笔。	农民有鸡蛋和鱼。
你们有有用的机器。	我有一套宽敞的房子。
工人们都有热水瓶。	这两个男孩有两只梨。

这个小男孩有台电脑。　　　　那个士兵有枪吗?

三、做“某人有某亲友”的替换练习：

例: بھائی ، بہن (آپ ، میں)

آپ کے دو بھائی ہیں ۔

میری ایک بہن ہے ۔

۱ ۔ نانی ، دادا (میں ، تم)

۲ ۔ تین چچیاں ، تین چچا (وہ ، تو)

۳ ۔ بھتیجی ، بیٹی (ہم ، یہ)

۴ ۔ ایک پھوپھی ، دو بھابیاں (شاؤ وانگ ، شاؤ لی)

۵ ۔ دو بچے ، تین بچیاں (وہ صحافی ، یہ دانشور)

۶ ۔ دو پوتے ، تین پوتیاں (میں ، وہ)

۷ ۔ بیوی ، تین پھوپھیاں (میں ، وہ)

۸ ۔ ایک لڑکا ، دو لڑکیاں (یہ نرس ، وہ ڈاکٹر)

۹ ۔ چھوٹے بھائی ، بڑی بہن (آپ ، وہ)

۱۰ ۔ دس طالب علم ، گیارہ طالب علم (وانگ صاحب ، لی صاحب)

四、翻译下列词组：

他的房间　　　　妹妹的名字
你们的家　　　　他的报纸
我们的工厂　　　　他们的书
我的乌尔都语笔记本　　　　我们的大学

国家的新消息　　　　　　　他的父亲和母亲
　　　小王的年龄　　　　　　　　您的好意见

五、把下列句子译成乌语：

1. 您叫什么名字？

2. 您是哪儿人？

3. 我是上海人。

4. 你多大？

5. 这小女孩十岁。

6. 我有两个兄弟和两个妹妹。

7. 你家有几口人？

8. 你的父亲是北京大学的老师吗？

9. 我有几副好看的手镯。

10. 这个女孩是个电影迷吗？

11. 你们都有书吗？

12. 嫂子有两个孩子。

六、结合本课所学内容叙述自己的家庭。

七、看图说话：

第十五课　پندرہواں سبق

课文　سبق

ایک فارم کی تصویر

سامنے ایک فارم کی تصویر ہے ۔ یہ فارم دیہی علاقے میں ہے ۔ گرم اور خوشگوار دن ہے ۔ ہر طرف دھوپ ہے ۔ آسمان پر کہیں کہیں سفید بادلوں کے ٹکڑے ہیں اور آسمان گہرا نیلا ہے ۔ تصویر کی دائیں طرف ایک پہاڑ ہے ۔ پہاڑ کے پاس ایک دریا ہے ۔ تصویر میں کچھ بڑے درخت اور کچھ چھوٹے درخت ہیں ۔ چھوٹے درخت ناشپاتیوں کے درخت ہیں ۔ ناشپاتیوں کے درختوں پر پیلی اور سبز ناشپاتیاں ہیں ۔

فارم کے پھاٹک کے آس پاس پھول ہیں ۔ یہ پھول رنگ برنگے ہیں ۔ اس فارم میں کئی ٹریکٹر ہیں ۔ اس کے علاوہ جانور اور مویشی بھی ہیں ۔ دریا کے پاس کھیت میں چند ایک گھوڑے ہیں ۔ ایک گھوڑا کالا ہے ۔ باقی گھوڑے نسواری رنگ کے ہیں ۔ اگلے کھیت میں کچھ بھیڑیں ہیں ۔ بھیڑوں کے پاس ہی چند ایک گائیں ہیں ۔ کچھ گائیں نسواری ہیں ۔ باقی کالی اور سفید ۔ ایک بھیڑ کالی ہے ۔ اس کے

سوا باقی سب سفید ہیں ۔ تصویر میں ایک گھوڑا گاڑی ہے ۔ گاڑی میں گوبھی اور آلو ہیں ۔ فارم کے پچھلے حصے میں گیہوں کا ایک کھیت ہے ۔ اس فارم میں گیہوں اور سبزیوں کی پیداوار کافی زیادہ ہے ۔

生词 نئے الفاظ

پَنْدَرہْواں	第十五(数)	دایاں	右边的(形)
سامْنے	面前(副)	دَرْیا	河流(阳)
فارْم	农场(阳)	پیلا	黄色的(形)
دیہی	农村的(形)	پھاٹک	大门(阳)
عِلاقہ	地区(阳)	کے آس پاس	在……周围(后)
گَرْم	热的(阳)	کئی	几个的(形)
خُوشْگوار	令人愉快的，美好的（形）	ٹْریکٹَر	拖拉机(阳)tractor
		کے عِلاوہ	除……之外(后)
دِن	天(阳)	جانْوَر	动物(阳)
ہَر	每一个(形)	مَویشی	牲口(阳)
طَرْف	方向(阴)	کھیت	田地(阳)
پَر	在……上面(后)	چَنْد ایک	几个，一些(形)
کَہیں	某处(副)	ہی	就是(语气)
ٹُکڑا	一块(阳)	نَسْواری	棕色的(形)
گَہْرا	深的(形)	رَنْگ	颜色(阳)

部分(阳)	حِصّہ	下一个;前面的(形)	اگلا
小麦(阴)	گیہوں	母牛(阴)	گائے
蔬菜(阴)	سبزی	除……之外(后)	کے سِوا
产量(阴)	پیداوار	马车(阴)	گھوڑا گاڑی
足够的(形)	کافی	土豆(阳)	آلو
		后边的;过去的,从前的(形)	پِچھلا

口 语 مکالمہ

今天天气如何?	آج کا موسم کیسا ہے؟
很好。(很冷。)	خوشگوار ہے۔ (سردی ہے۔)
今天很热。	آج بہت گرمی ہے۔
可能要下雨了。	شاید بارش ہونے والی ہے۔
够凉的。	کافی ٹھنڈ ہے۔
很闷热。	بہت حبس ہے۔
起风了。	ہوا چل رہی ہے۔

注 释 تشریحات

۱۔ آسمان پر کہیں کہیں سفید بادلوں کے ٹکڑے ہیں۔

天上偶尔有几朵白云。

کہیں کہیں 和 کہیں 的意思不一样。کہیں 是泛指代词，指“某处”、“某地”。例如：

她去某处了。　　　　　　　　　　وہ کہیں چلی گئی ہے ۔

کہیں کہیں 指“零散的地方”、“不多的地方”。如上面的例句，意思是“天空中零零散散飘着几朵白云”。

۲۔ تصویر کی دائیں طرف ایک پہاڑ ہے ۔

图画的右边有一座山。

句子中的 دائیں 是形容词 دایاں 的变形，其词形变化如下：

	无后置词时	有后置词时
阳性	دایاں ہاتھ	دائیں ہاتھ سے
阴性	دائیں آنکھ	دائیں آنکھ سے

دایاں 是“右”，بایاں 是“左”，بایاں 的词性变化规律与 دایاں 相同。

۳۔ دریا کے پاس ایک کھیت میں چند ایک گھوڑے ہیں ۔

河边的田地里有几匹马。

چند 是“一些”、“几个”的意思，是泛指代词。چند ایک 与 چند 在意义上没有区别。

语　法　قواعِد

一、后置词

后置词是一种虚词，只能放在名词或者代词之后表示该名词或该代词在句中所处的地位及它与其他句子成分的关系。后置词可分为简单后置词和复合后置词两大类。

1. 简单后置词有 کا（کی ، کے）، پر ، میں ، کو ، سے ، تک 等。它们的意思广泛，用法很多。本课所出现的只是其中的一部分。

2. 复合后置词

（1）由两个简单后置词构成。例如：میں سے ، پر سے 等。

（2）由简单后置词和其他词类的词构成。例如：

کے پاس ، سے پہلے ، کی طرح ، کے پیچھے ، کے علاوہ ، کے سامنے ، کے ساتھ 等。

二、名词的间接形式

当名词后面有后置词时，名词要由直接形式变为间接形式。其变化规律如下：

1. 单数名词的间接形式

以 ا 或 ہ 结尾的阳性名词变 ا 或 ہ 为 ے，其他一律不变（包括阴性名词在内）。见下表：

性 / 形式	阳　性			阴　性	
直接形式	جھنڈا	نقشہ	دوست	کاپی	کتاب
间接形式	جھنڈے کو	نقشے کو	دوست کو	کاپی کو	کتاب کو

2. 复数名词的间接形式

除把以 ے 结尾的阳性复数名词的词尾变为 وں 外，其他均在单数名词词尾加 وں 。见下表：

性 / 形式	阳　性			阴　性	
直接形式	جھنڈے	نقشے	دوست	کاپیاں	کتابیں
间接形式	جھنڈوں کو	نقشوں کو	دوستوں کو	کاپیوں کو	کتابوں کو

三、人称代词的间接形式(一)

当人称代词后有后置词时，人称代词要由直接形式变为间接形式。其变化规则如下(带后置词 کو 的物主代词变化形式与下表不同，见十六课物主代词的间接形式表)：

人称＼数	单数	复数
第一人称	مجھ سے	ہم سے
第二人称	تجھ سے	تم سے
	تم سے	
	آپ سے	آپ سے
第三人称	اس سے	ان سے
	اس سے	ان سے

四、后置词短语

1. 名词（或名词性词组）或代词加后置词所构成的短语称为后置词短语。后置词短语内的名词、代词都要由直接形式变为间接形式。后置词短语内的形容词或物主代词词尾为 ا 时，如其中心语为间接形式，该形容词或物主代词词尾也要变 ا 为 ے 。在同一后置词短语中如有两个后置词，前者又是 کا ，则 کا 也要变为 کے。例如：

我的小房间里	میرے چھوٹے کمرے میں
您的小工厂里	آپ کے چھوٹے کارخانے میں
他们的蓝色旗上	ان کے نیلے جھنڈے پر

2. 后置词短语中的指示代词也要用间接形式，其间接形式与代词第三人称的间接形式相同。例如：

在这个新邮局里　　　اس نئے ڈاک خانے میں

在那些老邮局里　　　ان پرانے ڈاک خانوں میں

3. 后置词短语的作用

后置词短语在句子中可以用作定语，也可以作状语。例如：

（定语）　　　یہ اس کارخانے کی مشینیں ہیں ۔

这些机器是这个工厂的。

（状语）　　　اگلے کھیت میں کچھ بھیڑیں ہیں ۔

前面田里有几只绵羊。

五、实义动词 ہونا（二）

动词 ہونا 除了表示“有”的意思外，还可以表示“在”的意义。例如

哈米德在教室里。　　　حامد کلاس روم میں ہیں ۔

您的字典在哪儿？　　　آپ کی لغت کہاں ہے ؟

我的字典在桌上。　　　میری لغت میز پر ہے ۔

练　习　مَشق

一、翻译下列短语：

公园附近　　　学校后面

除了桌椅以外　　　在这个房间的右边

天空中　　　马车上

小山上　　　河的左边

大学里	市场上
他的身旁	田地里
在乡村地区	我们周围
除了姑娘以外	羊群的后面
树上	工厂附近
那个男孩的脸上	学校附近的商场里

二、将下列复数名词由直接形式变为间接形式：

طالب علم	دیہی علاقے	کھڑکیاں	کاپیاں	تصویریں
گاڑیاں	درخت	پیالیاں	دوست	دکانیں
روٹیاں	سنگترے	کسان	کمرے	بستر
پھل	پوتے	چیزیں	سیب	کاغذ

三、对下列问题给以否定的回答：

۱ ۔ کیا یہ ایک کارخانے کی تصویر ہے ؟ （农场）

۲ ۔ کیا یہ فارم شہر میں ہے ؟ （农村地区）

۳ ۔ کیا تصویر کی دائیں طرف ایک کمرا ہے ؟ （学校）

۴ ۔ کیا پہاڑی کے پاس ایک درخت ہے ؟ （田地）

۵ ۔ کیا گھوڑوں کے علاوہ بھیڑیں بھی ہیں ؟ （母牛）

۶ ۔ کیا فارم کے پیچھے ایک دریا ہے ؟ （山丘）

۷ ۔ کیا اس فارم میں گیہوں اور سبزیوں کی پیداوار بہت کم ہے ؟ （多）

۸ ۔ کیا کارخانے میں بہت زیادہ مشینیں ہیں ؟ （少）

四、把下列句子译成乌语：

1. 城里有一座工厂，工厂的右边有一座花园，花园里有各种各样的花朵，到处都是一片葱绿，景色十分好看。
2. 公园里有一座小山，山的后边有一条河，河的旁边有几棵苹果树和梨树，树上有许多红红的苹果和黄黄的梨。
3. 在工厂的左边有一块农田，它的周围有几辆拖拉机，除此之外，还有几匹马、几只羊和几头牛。马和羊都是白色的，牛是棕色的。
4. 屋里有一张桌子，桌上有两只热水瓶，桌子后面有一把椅子，椅子旁有一张床，床下有两双鞋。

五、短文阅读：

پاکستان

پاکستان ہمارا پڑوسی ملک ہے ، وہ ہمارا پیارا دوست ہے ۔ پاکستان بہت خوبصورت ملک ہے ، اس میں بڑے بڑے دریا ہیں ، اونچے پہاڑ ہیں ، وہاں کی زمین ہری بھری ہے ، سنہرے کھیت اور سبز باغات ہیں ۔ وہاں گیہوں ، چاول اور پھلوں کی پیداوار کافی زیادہ ہے ۔

پاکستان کے عوام بہت محنتی اور بہادر ہیں ۔ پاکستان میں بہت سے چھوٹے بڑے گاؤں اور شہر ہیں ، شہروں میں بڑے بڑے کارخانے ہیں ۔ پاکستان ایک آزاد ملک ہے ۔ چین اور پاکستان پرانے دوست ہیں ۔

六、结合本课所学内容就下列题目进行口语练习：

①乡村风景　②一个小花园　③一个小区

七、看图说话：

第十六课 سولہواں سبق

课文 سبق

میرا کمرا

ا ۔ یہ کس کا کمرا ہے ؟

ب ۔ یہ میرا کمرا ہے ۔ تشریف لائیے !

ا ۔ آپ کا کمرا بہت روشن اور صاف ستھرا ہے ، ہوادار بھی ہے ۔

ب ۔ شکریہ ۔ ذرا دیکھئے ! میرے کمرے میں کیا کیا چیزیں ہیں ؟

ا ۔ اس کونے میں چارپائی ہے ، یہ لکڑی کی چارپائی ہے کیا ؟

ب ۔ جی نہیں ، یہ لوہے کی چارپائی ہے ، چارپائی پر بستر ہے ، اس کے قریب دو صوفے ہیں ۔ صوفوں کے درمیان ایک چھوٹی سی میز ہے ۔

ا ۔ اس میز پر غلاف کے نیچے کیا ہے ؟

ب ۔ غلاف کے نیچے ایک کیسٹ ریکارڈر ہے ۔ اچھا ، آپ اس صوفے پر بیٹھئے اور چائے پیجئے !

ا ۔ تکلف نہ کیجئے! اس میز پر وہ موٹی کتاب کون سی ہے؟ ذرا مجھے دکھائیے۔

ب ۔ او یہ حامد کی نصابی کتاب ہے ۔ مہربانی کر کے آپ انہیں دے دیجئے!

ا ۔ ضرور ۔ سامنے کی کھڑکی کافی بڑی ہے ۔ کھڑکی کے سامنے ڈیسک پر کیا ہے؟

ب ۔ ڈیسک پر میری کتابیں ہیں، ایک ٹیبل لیمپ ہے اور ایک ٹائم پیس ہے ۔ ڈیسک کے پاس ایک کرسی ہے ۔

ا ۔ آپ کی چلمچی کہاں ہے؟

ب ۔ میری چلمچی چارپائی کے نیچے ہے ۔

ا ۔ اور آپ کا تھرمس کہاں ہے؟

ب ۔ تھرمس دروازے کی بائیں طرف ہے ۔

ا ۔ دروازے کے پاس لکڑی کی الماری میں آپ کی کتابیں ہیں؟

ب ۔ جی نہیں ۔ اس میں میرے کپڑے ہیں ۔ اوپر دیکھئے! الماری پر ایک ریڈیو اور دو گلدان ہیں اور ادھر دیکھئے!

کمرے کے بیچ میں ایک میز ہے ۔ میز کے ارد گرد چار سٹول ہیں ۔

ا ۔ میز پر کونسا اخبار ہے؟

ب ۔ یہ آج کا عوامی روزنامہ ہے، ادھر دیکھئے! دیوار پر ایک نقشہ ہے، یہ چین کا نقشہ ہے ۔

ا ۔ جی ہاں ، یہ چین کا نقشہ ہے اور اس دوسری دیوار پر ایک کیلنڈر ہے ، یہ کیلنڈر نقشے سے چھوٹا ہے ۔

ب ۔ جی ہاں ۔ اب ذرا کھڑکی سے باہر دیکھئے !

ا ۔ واہ واہ ! باہر بڑا خوبصورت باغیچہ ہے اور اس میں بہت زیادہ خوبصورت پھول ہیں ۔

ب ۔ آئیے ، باہر باغیچے میں چلیں ، باہر کی ہوا کتنی تازہ ہے ۔

ا ۔ بہت اچھا ، چلیں ۔

生 词 نئے الفاظ

سولہواں	第十六（数）
تشریف	尊严（阴）
لانا	带来，拿来（及）
بہت	多的，非常的（形）
صاف ستھرا	干净的（形）
ہوادار	通风的，（形）空气流通的
دیکھنا	看（及）
میں	……里面（后）
کونا	角落（阳）
لکڑی	木头（阴）
لوہا	铁（阳）
صوفہ	沙发（阳）
درمیان	中间（阳）
کے درمیان	在……中间（后）
سا	……似的（形）
میز	桌子（阴）
غلاف	罩子，套子（阳）
کے نیچے	在……下面（后）
کیسٹ ریکارڈر	收录机（阳）cassette recorder

上面(副)	اُوپَر
收音机(阳) radio	ریڈیو
花瓶(阳)	گُلدان
这儿,这边 (副)	اِدھر
中间(后)	کے بیچ میں
周围(副)	اِرد گِرد
凳子(阳)	سٹُول
今天(阳)	آج
人民日报(阳)	عوامی روزنامہ
那边,那儿 (副)	اُدھر
日历(阳)	کیلنڈر
比;从(后)	سے
好,妙(叹)	واہ
外边(副)	باہَر
小花园(阳)	باغیچہ
来(不及)	آنا
空气,风(阴)	ہوا
走(不及)	چلنا
坐(不及)	بیٹھنا
茶(阴)	چائے
喝(及)	پینا
客气(阳)	تکلُّف
客气(及)	تکلف کرنا
别,不要(副)	نہ
给人看 (及)	دِکھانا
哦(叹)	او
教科书(阴)	نِصابی کِتاب
善意,慈善(阴)	مِہربانی
劳驾(及)	مِہربانی کرنا
给 (及)	دینا
一定地;毫无疑问地(副)	ضَرُور
在……面前(后)	کے سامنے
书桌,写字台(阳) desk	ڈیسک
台灯(阳)table lamp	ٹیبل لیمپ
小闹钟(阴)time piece	ٹائم پیس
脸盆(阴)	چلمچی

口　语　مُکالَمَہ

کلاس ہونے کا وقت ہوگیا ہے ، جلدی چلئے !

上课的时间到了，快走吧！

میری سائیکل خراب ہوگئی ہے ، دیر سے پہنچوں گا ، یہ اطلاع استاد کو دے دیجئے ۔

我的自行车坏了，晚点到，对老师说一下。

注　释　تَشْرِیحات

۱ ۔ میرے کمرے میں کیا کیا چیزیں ہیں ؟

我的房间里有些什么东西？

这里 کیا کیا 的重复使用，是表示一件一件的意思。

۲ ۔ مہربانی کر کے آپ انہیں دے دیجئے ! 劳驾您交给他。

مہربانی کر کے 中的 کر کے 是动词 کرنا 的完成分词形式，表示该动作已完成。دے دیجئے 是由 دینا 的动词词根再加上一个 دینا 组成的复合动词结构，表示动作朝外。

۳ ۔ اس دوسری دیوار پر ایک کیلنڈر ہے ۔

那边另一面墙上有一本日历。

دوسری 是由 دوسرا 而来，دوسرا （دوسری ، دوسرے）除是序数词外，它的第二个含义是“另一个”。例如：

دوسری خبر ذرا سنائیے ۔ 请说另外一条消息。

语法 قواعِد

一、动词的构成

乌尔都语动词原形是由两部分组成。前一部分为词根，后一部分为动词词尾 نا 。乌尔都语动词的各种形态变化就是在动词词尾后去掉 نا ，加上表示各种语法意义的词尾变化而成的。例如：

دیکھنا 的祈使语气变化 دیکھیے 由动词词根 دیکھ + 表示祈使语气现在时的 یے 组成。

二、祈使语气

祈使语气表示说话人要求对方完成某个动作，又叫做“命令语气”。它可以用来表示命令、请求、建议等意义。例如：

请坐在这里！ یہاں بیٹھیے !

不要喝凉水！ ٹھنڈا پانی نہ پیو !

请看这本书！ یہ کتاب پڑھیے !

祈使语气用于第二人称，有现在时和将来时两种。现在以 آنا 为例，示祈使语气变化形式如下：

时态 / 代词	现在时	将来时
تُو	آ	آنا
تُم	آؤ	آنا
آپ	آئیے	آئیے گا

动词 کرنا 、 پینا 、 دینا 、 لینا 的变化是不规则的。见下表：

代词 \ 时态 动词	现在时				将来时			
	لینا	دینا	پینا	کرنا	لینا	دینا	پینا	کرنا
تو	لے	دے	پی	کر	لینا	دینا	پینا	کرنا
تم	لو	دو	پیو	کرو	لینا	دینا	پینا	کرنا
آپ	لیجئے	دیجئے	پیجئے	کیجئے	لیجئے گا	دیجئے گا	پیجئے گا	کیجئے گا

在祈使语气中主语可以省略，及物动词可带宾语。例如：

吃药！ دوا پی！

拿着书包！ بستہ لو！

请把这些花给他！ یہ پھول اسے دیجئے！

祈使语气的否定式是在谓语动词前加上否定副词 نہ 或 مت。如果谓语动词是复合的，则否定词放在复合动词之间。例如：

别去那儿！ وہاں مت جا！

别做这事！ یہ کام نہ کرو！

别吵了！ شور نہ مچاؤ۔

三、人称代词的间接形式（二）

当人称代词后的后置词是 کو 的时候，人称代词（除 آپ 外）的间接形式有两种。这两种形式可以通用。见下表：

人称 数	第一人称	第二人称			第三人称	
单数	مجھ کو	تجھ کو	تم کو	آپ کو	اس کو	اس کو
	مجھے	تجھے	تمہیں	آپ کو	اسے	اسے
复数	ہم کو		تم کو	آپ کو	ان کو	ان کو
	ہمیں		تمہیں	آپ کو	انہیں	انہیں

四、物主代词的间接形式

当物主代词所修饰的名词后有后置词时，物主代词要由直接形式变为间接形式,要把表示阳性单数的 ا 变为 ے ,无其他变化。见下表:

直接形式	میرا اخبار	ان کا کپڑا
间接形式	میرے اخبار کو	ان کے کپڑے کو

五、疑问代词的间接形式

疑问代词 کون 和 کیا 之后有后置词时，它要由直接形式变为间接形式。کون 和 کیا 有间接形式,单数是 کس ,复数是 کن 。

六、 کون سا (سی ،سے)

کون سا ، کون سے ،کون سی 的意思是“哪一个”，可指人或物。سا ، سے ، سی 与它后面的中心语的性数一致。例如:

您有哪种笔? آپ کے پاس کون سا قلم ہے ؟

那红色的果子是什么水果？ وہ سرخ پھل کون سے پھل ہیں ؟

练 习 مشق

一、写出下列动词在代词（ تو ، تم ، آپ ）后面的命令语气变化形式，然后扩展造句：

سنانا ، پینا ، لینا ، پڑھنا ، بیٹھنا ، دیکھنا ، دینا ، آنا ، جانا ، بولنا

二、翻译下列短语：

在两把椅子中间

在面前的窗户外面

在那些楼房里

在工厂和学校之间

在他的椅子上

在房间的那个角落里

在房间的墙壁上

在那两个沙发上

在这张桌子下

在农场的大门前面

在你们的房间里

在他们的车子里

在房间的中间

在桌子的周围

三、用 کے ، میں ، سے ، پر 等后置词填空：

۱ ۔ آپ ______ کمرے ______ بہت سی کتابیں ہیں ۔

۲ ۔ چارپائی ______ قریب دو کرسیاں ہیں ۔

۳ ۔ دو صوفوں ______ درمیان ایک چھوٹی سی میز ہے ، میز ______ ایک گھڑی اور ایک پیالی ہے ۔

۴ ۔ یہ بچی اس بچے ______ زیادہ ذہین ہے ۔

۵ ۔ اس میز ____ کاغذ ____ نیچے ایک چابی ہے۔

۶ ۔ اس راستے ____ چلیے!

۷۔ کھڑکی ____ سامنے ڈیسک ____ ایک ٹیبل لیمپ ہے ۔

۸۔ آپ کا کمرا میرے کمرے ____ بڑا ہے ۔

۹ ۔کلاس روم ____ بیچ ____ ایک بڑی میز ہے ۔

۱۰ ۔ اس الماری ____ کیا کیا چیزیں ہیں ؟

۱۱ ۔ میز ____ اردگرد پانچ اسٹول ہیں ۔

۱۲ ۔ دروازے ____ پاس کرسی ہے ، کرسی ____ آپ ____ کتابیں ہیں ۔

四、把下列句子译成乌语:

1. 那是我的书,请给我。
2. 请读另一份报纸吧!
3. 您看,这是谁的练习本?
4. 不要客气,请喝茶!
5. 请坐在桌子前面的沙发上!
6. 这房间通风,到这边来!
7. 这是您的铅笔,请拿着。
8. 请把那张照片给我看一下!
9. 请看地图!
10. 请到这边来!
11. 请看! 这儿的景色多美啊!
12. 另外一个男孩是谁的儿子?
13. 沙发上那张报纸是什么报?
14. 花瓶里有一枝小红花。

15. 我的地图比他的地图大。
16. 这条鱼比那条鱼小。
17. 明天请您给我看一下那张地图。
18. 两天后,请你把书带来。
19. 你不要喝奶,奶是凉的。
20. 请您不要拿这份报纸。

五、短文阅读:

ہماری جماعت کا کمرہ

یہ ہماری جماعت کا کمرا ہے ۔ اس کا ایک دروازہ اور دو کھڑکیاں ہیں ۔ یہ زیادہ بڑا نہیں ۔ اس میں کئی ڈیسک ہیں ۔ ڈیسک قطاروں میں ہیں ۔ ان کے درمیان راستہ ہے ۔ ڈیسکوں کے سامنے دیوار پر تختہء سیاہ ہے ۔ اس کے قریب ایک میز اور ایک کرسی ہے ، یہ ہمارے استاد کی میز اور کرسی ہے ۔ جماعت کی ایک دیوار پر دو نقشے ہیں ، ایک پاکستان کا نقشہ ہے اور دوسرا چین کا نقشہ ہے ۔ ہمارا کمرا بڑا روشن اور ہوادار ہے ۔ ہمیں اپنی جماعت کا کمرا بہت پسند ہے ۔

六、结合本课所学内容叙述自己的房间或宿舍。

七、看图说话:

第十七课　　سترہواں سبق

课　文　　سبق

پہاڑی علاقے میں ایک لیڈی ڈاکٹر

لیو منگ ایک لیڈی ڈاکٹر ہے ۔ اس کا گھر ایک بڑے شہر میں ہے ۔ وہ ایک میڈیکل کالج کی گریجویٹ ہے اور اب کسی پہاڑی علاقے کے ایک ہسپتال میں کام کرتی ہے ۔ وہ بہت مصروف ہے ، مگر علاج معالجہ کے معیار کو بلند کرنے کے لئے انتھک کام کرتی ہے ۔ اس کے کمرے کی کھڑکی سے اکثر رات گئے تک روشنی نظر آتی ہے ۔ وہ بڑی محنت سے طبی کتابوں کا مطالعہ کرتی ہے اور اپنے تجربوں کی تلخیص کرتی ہے ۔ اسی وجہ سے وہ بہت قابل لیڈی ڈاکٹر ہے ۔ وہ علاج کرنے میں سنجیدگی سے کام لیتی ہے اور دل و جان سے عوام کی خدمت کرتی ہے ۔ وہ نہ صرف ہسپتال میں مریضوں کا علاج کرتی ہے ، بلکہ مریضوں کے گھروں میں بھی جاتی ہے ۔

راستے میں پہاڑ اور دریا پڑتے ہیں ۔ وہ ان کو پار کرنے کے بعد ہی لوگوں کے گھر تک پہنچ سکتی ہے ۔ وہ بارش یا برف کی بھی پروا نہیں کرتی، عوام اس کی بہت تعریف کرتے ہیں اور کہتے ہیں :" لیو منگ واقعی عوام کی ہمدرد اور اچھی لیڈی ڈاکٹر ہے ۔"

生词　نئے الفاظ

高的(形)	بُلَند	第十七(数)	سَتْرَہواں
提高(及)	(کو) بلند کرنا	女医生(阴)	لیڈی ڈاکٹر
为了……(后)	کے لئے		lady doctor
不倦的,不懈的(形)	اَنْتَھک	医学的(形)medical	میڈیکل
时常(副)	اَکثَر	学院(阳) college	کالج
深夜(副)	رات گئے	毕业(阳)graduate	گریجویٹ
到……为止,直到……(后)	تک	医院(阳)	ہسپتال
亮光(阴)	روشنی	做工作(及)	کام کرنا
眼光;视线(阴)	نَظَر	忙碌的(形)	مَصرُوف
看到;出现(不及)	نَظَر آنا	但是(连)	مگر
努力,勤奋(阴)	محنت	医治(阳)	علاج
努力地,勤奋地(副)	محنت سے	医治(阳)	معالجہ
医学的,医务的(形)	طبی	水平;程度(阳)	معیار

مُطالَعَہ	学习;研究(阳)
(کا) مطالعہ کرنا	学习;研究(及)
اَپْنا	自己的(代)
تَجْرِبَہ	经验(阳)
تَلْخِیص	总结(阴)
(کی) تلخیص کرنا	总结(及)
وَجَہ	原因(阴)
قابِل	有能力的(形)
(کا) عِلاج کرنا	治疗;医疗(及)
سَنْجِیدَگی	严肃(阴)
لینا	拿(及)
(سے) کام لینا	采取……态度(及)
دِل و جان	全心全意(阳)
عَوام	人民(阳复)
خِدْمَت	服务,服侍(阴)
(کی) خدمت کرنا	服务(及)
صِرْف	仅仅,只是(副)
بَلْکِہ	而且(连)
جانا	去(不及)
راسْتَہ	路(阳)
پَڑْنا	躺下;落下(不及)
پار	对岸(阳)
پار کرنا	渡过,跨过(及)
بَعْد	以后(副)
کے بعد	……之后（后）
پَہُنْچنا	到达(不及)
بارِش	雨(阴)
بَرْف	雪(阴)
پَرْوا	注意,关注(阴)
(کی) پروا کرنا	在意,关心(及)
تَعْرِیف	赞扬(阴)
(کی) تعریف کرنا	赞扬,夸奖(及)
کَہْنا	说(及)
ہَمْدَرْد	同情的(形)

口 语 مُکالَمَہ

他感冒了。	اُسے زُکام ہو گیا ہے۔
他发烧了。	اسے بُخار آیا ہے۔
他去医院了。	وہ ہسپتال گیا۔
现在怎样了?	اب کیسا ہے؟
比以前好多了。	پہلے سے کافی بہتر ہو گیا ہے۔
要小心别感冒。	اپنے آپ کو زکام سے بچائیے!

注 释 تَشْرِیحات

۱۔ اس کے کمرے کی کھڑکی سے اکثر رات گئے تک روشنی نظر آتی ہے۔

直到深夜还常常从她房间的窗户透出灯光。

直到深夜。 رات گئے تک

نظر آنا是不及物动词，它的用法是某人 + کو + 被看到的对象 + نظر آنا。意思是“某人看到……”。

۲۔ وہ ان کو پار کرنے کے بعد ہی لوگوں کے گھر تک پہنچ سکتی ہے۔

她渡过河才能到达人们的家。

سکنا 是情态动词，与动词根连用时，表示“能够”、“可以”的意思，它不能单独用作谓语动词。

۳ ۔ وہ بڑی محنت سے طبی کتابوں کا مطالعہ کرتی ہے ۔

她非常刻苦地钻研医学书籍。

کتابوں کا مطالعہ کرنا 是由名词 + 复合动词组成的动宾结构。这类动宾结构中，往往在动宾两者之间加上 کا ، کی ، کو 等后置词。这些后置词需逐一牢记。本课出现的这类动宾结构还有：

مریضوں کا علاج کرنا	عوام کی خدمت کرنا
تجربوں کی تلخیص کرنا	دریا کو پار کرنا
اس کی تعریف کرنا	

上述复合动词由名词 + 动词构成。如果复合动词由形容词 + 动词构成，它与宾语之间一般加后置词 کو 。例如：معیار کو بلند کرنا

语 法 قواعِد

一、一般现在时(一)

1. 动词一般现在时的构成形式：动词根 + 词尾 تا（تی ، تے）+ ہوں（ہیں ، ہے ، ہو）。一般现在时的性、数、人称是随主语变的。当主语是代词 ہم 时，不管它代表的是阳性或是阴性名词，其谓语动词一律用阳性复数变化。此外，تم 和 آپ 不论用于单数还是复数意义，其谓语动词的变化形式相同。现以动词 آنا 为例，示其变化于下：

性 \ 数 \ 人称	第一人称		第二人称		第三人称	
	单	复	单	复	单	复
阳性	میں آتا ہوں	ہم آتے ہیں	تو آتا ہے	تم آتے ہو آپ آتے ہیں	وہ آتا ہے	وہ آتے ہیں
阴性	میں آتی ہوں	ہم آتے ہیں	تو آتی ہے	تم آتی ہو آپ آتی ہیں	وہ آتی ہے	وہ آتی ہیں

2. 一般现在时的基本用法：

(1)表示当前习惯、经常发生的动作，现在存在的情况和状态。例如：

我们早晨六点起床。　　ہم صبح چھ بجے اٹھتے ہیں ۔

我们天天读报。　　ہم روز اخبار پڑھتے ہیں ۔

她在大学读书。　　وہ یونیورسٹی میں پڑھتی ہے ۔

(2)表示客观事实及普遍真理。例如：

一年有四季。　　ایک سال میں چار موسم ہوتے ہیں ۔

太阳从东方升起。　　سورج مشرق سے نکلتا ہے ۔

(3)还可以表示马上要发生的动作以示强调。例如：

我马上就走。　　میں ابھی جاتی ہوں ۔

现在我们读生词。　　اب ہم نئے الفاظ پڑھتے ہیں ۔

二、泛指代词 کوئی

泛指代词 کوئی 是指不确定的人或物，多用于指人。例如：

房间里有人吗？ کمرے میں کوئی ہے ؟

泛指代词 کوئی 的间接形式是 کسی 。例如：

یہ ضرور کسی طالب علم کا قلم ہے ۔

这一定是哪个学生的笔。

词汇和句型 اَلْفاظ اور جُمْلوں کا مُطالَعَہ

کام لینا

وہ سبق پڑھنے میں محنت سے کام لیتا ہے ۔

صبر سے کام لیجئے ۔

تم عقل سے کام نہیں لیتے ۔

دل و جان سے

ہم دل و جان سے وطن سے محبت کرتے ہیں ۔

ماں بیٹے کو دل و جان سے چاہتی ہے ۔

نہ صرف …… بلکہ ……

وہ نہ صرف عقلمند ہے بلکہ محنتی بھی ہے ۔

ہماری یونیورسٹی میں نہ صرف لڑکے بلکہ لڑکیاں بھی پڑھتی ہیں ۔

آج نہ صرف گرمی ہے بلکہ ہوا بھی بند ہے ۔

رات گئے تک

وہ رات گئے تک کام کرتے ہیں ۔

میں رات گئے تک مطالعہ کرتا ہوں ۔

练 习　مشق

一、用 آپ ، ہم ، تم ، وہ لوگ ، میں ، یہ لڑکی ، وہ لڑکیاں ، یہ لڑکا 来替换下列每个句子的主语：

۱۔ لیو منگ دل و جان سے عوام کی خدمت کرتی ہے ۔

۲۔ وہ ہر روز وقت پر کالج میں پہنچتا ہے ۔

۳۔ وہ بارش یا برف کی بھی پروا نہیں کرتی ۔

۴۔ وہ محنت سے اردو زبان کا مطالعہ کرتا ہے ۔

۵۔ وہ روزانہ کلاس روم میں جاتا ہے ۔

二、翻译下列词组：

女医生	医学院	医学书籍
全心全意地	山区	路上
农村地区	农场周围	纺织厂
发电厂	医疗水平	田野里

三、在下列句子中填入适当的后置词，并分析每句的成分：

۱۔ میری الماری ______ بہت سی غیر ملکی زبانوں کی کتابیں ہیں ۔

۲۔ کھڑکی ______ میز ______ ایک گلدان ہے ۔

۳۔ دروازے ______ چارپائی ______ بستر ہے ۔

۴۔ یونیورسٹی کے پھاٹک ______ ______ ایک کالی گاڑی نظر آتی ہے ۔

۵۔ آسمان ______ سفید سفید بادل ہیں ۔

۶۔ آپ دیوار ______ وہ تصویر دیکھئے ۔

۷۔ وہ ہسپتال ______ شام کو واپس آتی ہے ۔

۸۔ کھڑکی ______ تازہ ہوا آتی ہے ۔

۹۔ باغیچے ______ آپ سیب کا ایک درخت دیکھ سکتے ہیں ۔

۱۰۔ میرا اپنا گھر بیجنگ ______ ہے ۔

۱۱۔ کیا تمہاری جیب ______ کوئی چیز ہے ؟

۱۲۔ آپ کرسی ______ بیٹھئے ۔

۱۳۔ کیا اخبار ______ کوئی نئی خبر ہے ؟

۱۴۔ میز ______ ایک ریڈیو ہے اور چارپائی ______ ______ میرا جوتا ہے ۔

四、翻译下列短语：

他的桌子上	两条路之间
我们的大学里	我的房间中间
房门背后	某个农场里
某座山上	他们的工厂后面

大桌子下面　　　　妈妈的柜子里
姑娘的床前面　　　某座城市里
你们的车上　　　　从她的口袋里
蓝蓝的天上　　　　从老师的椅子上
从窗户的左边　　　用自己的经验
老师的家中　　　　你父亲的书中

五、翻译下列句子：

1. 他常常去农村为农民治病。
2. 我们在北京大学学习乌尔都语。
3. 你在哪一个工厂工作？
4. 他们给病人治病十分认真。
5. 小王全心全意地为大家服务。
6. 她提高乌尔都语水平。
7. 你们常常钻研医学书籍吗？
8. 我每天都去小花园。
9. 你能够翻过这座山吗？
10. 他做完工作后才回家。
11. 在路上常可以看到许多孩子们。
12. 桌子上常可以见到两个花瓶。
13. 学生们常常看电影吗？
14. 爸爸常在厂里工作到深夜。
15. 老师说："你真是一个机灵的学生。"
16. 他们不知疲倦地为祖国工作着。
17. 她常坐在床边的沙发上。
18. 你常从这条路去纺织厂吗？
19. 学院和农场之间有市场吗？
20. 书中有什么图画吗？

21. 在某把椅子下面有我的脸盆。
22. 在某座山上你可以看到许多苹果树。
23. 请您随便在哪个房间里坐一会儿吧。
24. 你看一下这张画吧。
25. 我们常在自己的农场里劳动。
26. 她不仅聪明,而且勤奋。
27. 您不仅是我的朋友,而且也是我的老师。
28. 他不仅白天学习乌尔都语,而且还经常学习到深夜。

六、阅读短文:

ہمارے استاد

سجاد صاحب ہمارے استاد ہیں ، وہ ہمارے کالج کے قریب رہتے ہیں ، ہمیں انگریزی پڑھاتے ہیں ۔ وہ ایک قابل استاد ہیں ، سب طلبا انہیں پسند کرتے ہیں ۔ وہ کبھی کالج سے ناغہ نہیں کرتے ، وقت کے اتنے پابند ہیں کہ کلاس میں ایک منٹ دیر سے نہیں آتے ۔ بہت محنت سے پڑھاتے ہیں ۔ ان کے پڑھانے کا طریقہ بھی بڑا عمدہ ہے ، سبق بالکل صاف ہو جاتا ہے ۔ شام کو اکثر وہ ہمارے ہاسٹل میں آتے ہیں اور رات گئے تک پڑھائی میں ہماری مدد کرتے ہیں ۔ وہ واقعی ایک اچھے استاد ہیں ۔

七、结合本课所学内容,就下列题目进行口语会话练习:
　①一位工人　②一位学生　③我的母亲

词汇表 فہرستِ اَلفاظ

آ

آپ 您（代）（1-1）

آٹھ 八（数）（1-3）

آج 今天（阳）（1-16）

آدھا 一半（数）（1-5）

آڑو 桃子（阳）（1-5）

(کے) آس پاس 在……周围（后）（1-15）

آسمان 天，天空（阳）（1-13）

آفتاب 阿芙塔布（男名）（1-11）

آلو 土豆（阳）（1-15）

آم 芒果（阳）（1-9）

آنا 来（不及）（1-16）

آنکھ 眼睛（阴）（1-9）

آئینہ 镜子（阳）（1-9）

اب 现在（副）（1-1）

اٹھارہ 十八（数）（1-14）

اثر 影响（阳）（1-3）

اچھا 好的（形）（1-4）

اخبار 报纸（阳）（1-4）

اداکار 男演员（阳）（1-12）

اداکارہ 女演员（阴）（1-12）

اِدھر 这儿，这边（副）（1-16）

اُدھر 那儿，那边（副）（1-16）

ادیب 文学家（阳）（1-12）

اردو 乌尔都语（阴）（1-5）

اردگرد 周围（副）（1-16）

استاد 老师（阳）（1-11）

سٹیج 舞台（阳）（1-14）

اکثر 经常（副）（1-17）

اگر 如果（副）（1-7）

اگلا 前面的（形）（1-15）

الفاظ 字，词（阳复）（1-10）

الماری 柜子（阴）（1-9）

امریکی 美国人（阳）；美国的（形）（1-12）

انتھک	不倦的，不懈的（形）（1-17）
انڈا	鸡蛋（阳）（1-9）
انجینیَر	工程师（阳）（1-14）
انگلی	手指（阴）（1-8）
او	哦（叹）（1-16）
اوپر	上面（副）（1-16）
اور	和；于（连）（1-10）
ایک	一（数）（1-10）

ب

بابو	先生（阳）（1-1）
باپ	父亲（阳）（1-1）
بات	事情（阴）（1-3）
باجرا	小米（阳）（1-4）
بادل	云（阳）（1-13）
بارش	雨（阴）（1-17）
بارہواں	第十二（数）（1-12）
باغ	花园（阳）（1-6）
باغیچہ	小花园（阳）（1-16）
باقی	剩余的（形）（1-7）
بال بچے	妻子儿女（阳复）（1-14）
باورچی	厨师（阳）（1-12）
باہر	外边（副）（1-16）
بحث	讨论（阴）（1-4）
بجلی	电（阴）（1-14）
بجلی گھر	发电厂（阳）（1-14）
بچہ	小男孩（阳）（1-11）
بچی	小女孩（阴）（1-11）
برا	坏的（形）（1-3）
برف	雪（阴）（1-17）
بڑا	大的（形）（1-5）
بڑھیا	老妇人（阴）（1-11）
بستر	床铺（阳）(1-6)
بطخ	鸭子（阴）（1-7）
بعد	以后（副）（1-17）
کے بعد	……之后（后）（1-17）
بعض	有些的（形）（1-6）
بقا	生存；持久（阳）（1-7）

山羊（阴）(1-7)	بکری
而且（副）(1-17)	بلکہ
高的（形）(1-17)	بلند
提高（及）(1-17)	(کو) بلند کرنا
枪（阴）(1-8)	بندوق
气味（阴）(1-1)	بو
老人（阳）; 老年人的（形）(1-5)	بوڑھا
嫂子（阴）(1-1)	بھابی
春天（阴）(1-13)	بہار
印度（阳）(1-3)	بھارت
印度人（阳）; 印度的（形）(1-12)	بھارتی
兄弟（阳）(1-1)	بھائی
多的；非常的（形）(1-16)	بہت
侄女（阴）(1-4)	بھتیجی
姊妹（阴）(1-8)	بہن
母绵羊（阴）(1-5)	بھیڑ
也（语气）(1-10)	بھی
脱水的, 无光泽的（形）(1-1)	بے آب

儿子（阳）(1-11)	بیٹا
坐（不及）(1-16)	بیٹھنا
女儿（阴）(1-3)	بیٹی
在中间（副）(1-16)	کے بیچ میں

پ

对岸（阳）(1-17)	پار
渡过,跨过（及）(1-17)	پار کرنا
附近（阳）(1-14)	پاس
在……的附近（后）(1-14)	کے پاس
巴基斯坦人（阳）; 巴基斯坦的（形）(1-12)	پاکستانی
五（数）(1-10)	پانچ
水（阳）(1-8)	پانی
四分之一（数）(1-1)	پاؤ
脚（阳）(1-9)	پاؤں
烟斗（阴）(1-3)	پائپ
后面的；过去的, 从前的（形）(1-15)	پچھلا

پراٹھا 油饼（阳）（1-3）

پرانا 旧的（形）（1-9）

پر 在……上面（后）（1-15）

پرندہ 鸟（阳）（1-13）

پروا 注意，关注（阴）（1-17）

(کی) پروا کرنا 在意，关心（及）（1-17）

پڑنا 掉下，落下（不及）（1-17）

پڑوسی 邻居的（阳，形）（1-12）

پڑھائی 读书，学习（阴）（1-14）

پکا 成熟的（形）（1-7）

پندرہواں 第十五（数）（1-15）

پوتا 孙子（阳）（1-3）

پھاٹک 大门（阳）（1-15）

پہاڑی 山丘，小山（阴）（1-13）

پھل 水果（阳）（1-9）

پہنچنا 到达（不及）（1-17）

پھوپھی 姑姑（阴）（1-1）

پھول 花（阳）（1-9）

پیارا 可爱的（形）（1-9）

پیالی 杯子（阴）(1-8)

پیداوار 产量（阴）（1-15）

پیر 星期一（阳）（1-3）

پیلا 黄色的（形）（1-15）

پینا 喝（及）（1-16）

ت

تاریخ 历史（阴）（1-4）

تازہ 新鲜的（形）（1-13）

تالا 锁（阳）（1-10）

تتلی 蝴蝶（阴）（1-8）

تجربہ 经验（阳）（1-17）

تشریف 尊严（阴）（1-16）

تصویر 图片，照片（阴）（1-13）

تعریف 赞扬（阴）（1-17）

(کی) تعریف کرنا 赞扬（及）（1-17）

تک 到……为止，直到……（后）（1-17）

تکلف 客气（阳）（1-16）

تکلف کرنا 客气（及）（1-16）

تلخیص 总结（阴）（1-17）

ٹھیک 正确的（形）（1-9）

ٹیبل لیمپ 台灯（阳）（1-16）

ٹیچر 老师（阳）（1-14）

ٹیکسٹائل مل 纺织厂(阴)(1-14)

ٹیلیویژن 电视（阳）（1-8）

ج

جانا 去（不及）（1-17）

جانور 动物（阳）（1-15）

جراب 短袜（阴）（1-4）

جزو 部分（阳）（1-8）

جوتا 鞋（阳）（1-4）

جھنڈا 旗帜（阳）（1-10）

جیب 衣袋（阴）(1-4)

جی نہیں 不是（副）（1-10）

جی ہاں 是（副）（1-10）

چ

چابی 钥匙（阴）（1-4）

چادر 床单（阴）（1-9）

(کی) تلخیص کرنا 总结（及）（1-17）

تم 你，你们（代）（1-12）

تو 你（代）（1-12）

تولیہ 毛巾（阳）（1-10）

تھرمس 热水瓶（阳）（1-10）

تھوڑا 少许的（形）（1-5）

تیرہواں 第十三（数）（1-13）

تیز 快的，聪明的（形）（1-5）

تین 三（数）（1-10）

تینوں 三个（数）（1-12）

ٹ

ٹانگ 腿（阴）（1-9）

ٹائم پیس 小闹钟（阴）（1-16）

ٹائی 领带（阴）（1-3）

ٹریکٹر 拖拉机（阳）（1-15）

ٹکڑا 一块（阳）（1-15）

ٹماٹر 西红柿（阳）（1-8）

ٹوپی 帽子（阴）（1-3）

چین 中国（阳）（1-12）

چینی 中国人（阳）；中国的（形）（1-12）

ح

حصہ 部分（阳）（1-15）

حفاظت 保卫（阴）（1-7）

حلق 喉咙（阳）（1-9）

خ

خبر 消息（阴）（1-4）

خدمت 服务，服侍（阴）（1-17）

(کی) خدمت کرنا 服务（及）（1-17）

خرگوش 兔子（阳）（1-7）

خط 信（阳）（1-7）

خواب 梦（阳）（1-4）

خوبصورت 美丽的（形）（1-6）

خوش 高兴的（形）（1-6）

خوش حال 幸福的（形）（1-14）

خوشگوار 令人愉快的（形）（1-15）

چار 四（数）（1-10）

چارپائی 床（阴）（1-4）

چاول 大米（阳）（1-8）

چائے 茶（阴）（1-16）

چچا 叔叔（阳）（1-4）

چچی 婶婶（阴）（1-11）

چلمچی 脸盆（阴）（1-16）

چلنا 走（不及）（1-16）

چند 几个的（形）（1-8）

چند ایک 一些的（形）（1-15）

چوٹی 顶峰，尖（阴）（1-9）

چودھواں 第十四（数）（1-14）

چوڑی 玻璃手镯（阴）（1-5）

چوکیدار 门卫（阳）（1-12）

چھ 六（数）（1-11）

چھتری 伞（阴）（1-4）

چہرہ 脸（阳）（1-8）

چھوٹا 小的（形）（1-4）

چیز 东西（阴）（1-5）

د

دادا 爷爷（阳）（1-5）

دادی 奶奶（阴）（1-11）

دانشور 知识分子（阳）（1-12）

دایاں 右边的（形）（1-15）

دبلا 瘦的（形）（1-8）

درخت 树（阳）（1-5）

درخواست 请求（阴）（1-6）

درزی 裁缝（阳）（1-12）

درمیان 中间（阳）（1-16）

کے درمیان 在……中间（后）（1-16）

دروازہ 门（阳）（1-8）

دریا 河流（阳）（1-15）

دس 十（数）（1-11）

دسواں 第十（数）（1-10）

دکان 商店（阴）（1-9）

دکھانا 给人看（及）（1-16）

دلکش 迷人的（形）（1-9）

دل وجان 全心全意（阳）（1-17）

دن 天（阳）（1-15）

دو 二（数）（1-10）

دور 远的（形）（1-5）

دوست 朋友（阳）（1-6）

دوسرا 第二（数）（1-12）

دونوں 俩（数）（1-11）

دھوپ 阳光（阴）（1-5）

دیکھنا 看（及）（1-16）

دینا 给（及）（1-16）

دیہی 农村的（形）（1-15）

ڈ

ڈاک خانہ 邮局（阳）（1-14）

ڈاکٹر 医生（阳）（1-12）

ڈرائیور 司机（阳）(1-12)

ڈھائی 两个半（数）（1-5）

ڈیسک 书桌（阳）（1-16）

ذ

ذرا 少许的，一点的（形）（1-5）

ذہین 聪明的（形）（1-14）

ر

رات　夜晚（阴）(1-3)

رات گئے　深夜（副）（1-17）

راستہ　路（阳）（1-17）

رائے　意见（阴）（1-3）

رشتہ دار　亲戚（阳）（1-9）

رضائی　被子（阴）（1-6）

رنگ　颜色（阳）（1-15）

رنگ برنگا　五颜六色的（形）（1-13）

روشن　明亮的（形）（1-13）

روشنی　亮光（阴）（1-17）

رہنے والا　居住者（阳）（1-14）

ریڈیو　收音机（阳）（1-16）

ز

زاہدہ　查希达（女名）（1-11）

زرد　黄色的（形）（1-5）

زمین　大地，土地（阴）（1-13）

زیادہ　多的（形）（1-8）

س

سا　……似的（形）（1-16）

سات　七（数）（1-11）

ساتھی　伙伴（阳）（1-12）

سال　年，岁（阳）（1-14）

سامنے　面前（副）（1-15）

کے سامنے　在……面前(后)（1-16）

سائنس دان　科学家（阳）（1-12）

سب　所有的（形）（1-11）

سبز　绿色的（形）（1-13）

سبزی　蔬菜（阴）（1-15）

سپاہی　战士（阳）（1-9）

سترہواں　第十七（数）（1-17）

سٹول　凳子（阳）（1-16）

سخت　坚硬的（形）（1-6）

سرخ　红色的（形）（1-6）

سرسبز　碧绿的（形）（1-6）

سست　懒惰的（形）（1-6）

سفید　白的（形）（1-7）

سنجیدگی　严肃(阴)（1-17）

سنگترہ 橘子（阳）（1-9）

سنہرا 金色的（形）（1-13）

کے سوا 除……之外（后）（1-15）

سورج 太阳（阳）（1-13）

سولہواں 第十六（数）（1-16）

سہانا 陶醉的（形）（1-13）

سہیلی 女友（阴）（1-8）

سے 比……,从……（后）（1-16）

سیب 苹果（阳）(1-6)

سیٹ 套;组（阳）（1-14）

ش

شاعر 诗人（阳）（1-6）

شاندار 辉煌的（形）（1-9）

شخص 人（阳）（1-6）

شکریہ 感谢，谢谢（阳）（1-14）

شوقین 爱好者（阳）（1-14）

شہر 城市（阳）（1-9）

ص

صابن 肥皂（阳）(1-10)

صاف 干净的（形）（1-7）

صاف ستھرا 干净的（形）（1-16）

صبح 早晨（阴）（1-6）

صحافی 记者（阳）（1-7）

صحیح 正确的（形）（1-6）

صرف 仅仅，只是（副）（1-17）

صوفہ 沙发（阳）（1-16）

ض

ضرور 毫无疑问地，一定地（副）（1-16）

ط

طالب علم 学生（阳）（1-11）

طالبہ 女学生（阴）（1-9）

طبی 医学的，医务的（形）（1-17）

طرف 方向（阴）（1-15）

طلبا 学生（阳）（1-9）

طوطا 鹦鹉（阳）（1-7）

ع

عجیب 奇怪的，怪异的（形）（1-6）

عزت 尊严（阴）（1-6）

علاج 医治（阳）（1-17）

(کا) علاج کرنا 医治，治疗（及）（1-17）

علاقہ 地区（阳）（1-15）

کے علاوہ 除……之外（后）（1-15）

عمارت 楼房（阴）（1-8）

عمدہ 好的，优良的（形）（1-14）

عمر 年龄（阴）（1-14）

عوام 人民（阳复）（1-17）

عوامی روزنامہ 人民日报（阳）（1-16）

عورت 妇女（阴）(1-6)

غ

غلاف 罩子，套子（阳）（1-16）

غلط 错误的（形）（1-8）

ف

فارسی 波斯语（阴）（1-7）

فارم 农场（阳）(1-15)

فاطمہ 法蒂玛（女名）（1-11）

فراعنہ 法老（阳复）（1-9）

فلم 电影（阴）（1-14）

فلیٹ 一套房间（阳）（1-14）

فنکار 艺术家（阳）（1-12）

ق

قابل 有能力的（形）（1-17）

قریب 近的（形）(1-7)

ک

کا ……的（后）（1-14）

کاپی 本子（阴）（1-10）

کارآمد 有用的（形）（1-13）

کارخانہ 工厂（阳）(1-13)

کاغذ 纸（阳）（1-7）

کافی 足够的（形）（1-15）

کالا 黑的（形）（1-8）

کالج 学院（阳）（1-17）

کام 工作（阳）（1-9）

梳子（阴）（1-10） کنگھی

教练（阳）（1-12） کوچ

角落（阳）（1-16） کونا

谁（代）（1-11） کون

酸的（形）（1-9） کھٹا

椰枣（阴）（1-7） کھجور

窗户（阴）（1-7） کھڑکی

运动员（阳）（1-12） کھلاڑی

哪儿，何处（副）（1-14） کہاں

说（及）（1-17） کہنا

田地（阳）（1-15） کھیت

某处（副）（1-15） کہیں

……的（后）（1-12） کے

什么（代）；吗（语气）（1-10） کیا

کیسٹ ریکارڈر
收录机（阳）（1-16）

香蕉（阳）（1-9） کیلا

日历（阳）（1-16） کیلنڈر

做工作（及）（1-17） کام کرنا

采取……态度（及）（1-17） (سے)کام لینا

衣服（阳）（1-7） کپڑا

狗（阳）（1-7） کتا

书（阴）（1-7） کتاب

多么（副）（1-13） کتنا

多少的（形）（1-14） کتنا

几个的，一些的（形）（1-9） کچھ

椅子（阴）（1-7） کرسی

苦的（形）（1-9） کڑوا

农民（阳）（1-9） کسان

宽敞的（形）（1-9） کشادہ

黄瓜（阴）(1-7) ککڑی

教室（阳）（1-8） کلاس روم

职员（阳）（1-12） کلرک

少的（形）（1-8） کم

电脑（阳）（1-14） کمپیوٹر

房间（阳）（1-9） کمرا

کئی	几个的（形）（1-15）

گ

گاجر	胡萝卜（阴）（1-7）
گاؤں	农村（阳）（1-9）
گائے	母牛（阴）（1-15）
گرم	热的（形）（1-15）
گریجویٹ	毕业（阳）（1-17）
گلاب	玫瑰花（阳）（1-9）
گلدان	花瓶（阳）（1-16）
گملا	花盆（阳）（1-9）
گنا	甘蔗（阳）（1-9）
گوبھی	白菜（阴）（1-7）
گہرا	深的（形）（1-15）
گھر	家（阳）（1-7）
گھرانہ	家庭（阳）（1-14）
گھڑی	手表（阴）(1-7)
گھوڑا	马（阳）（1-7）
گھوڑا گاڑی	马车（阴）（1-15）
گیارہواں	第十一（数）（1-11）
گیہوں	小麦（阴）（1-15）

ل

لانا	带来，拿来（及）（1-16）
لذیذ	美味的（形）（1-9）
لڑکا	男孩（阳）（1-8）
لڑکی	女孩（阴）（1-11）
لکڑی	木头（阴）（1-16）
لمبا	长的（形）（1-8）
لوگ	人们（阳复）（1-12）
لوہا	铁（阳）（1-16）
کے لئے	为了……（后）（1-17）
لیڈی ڈاکٹر	女医生（阴）（1-17）
لیکن	但是（连）（1-13）
لینا	拿（及）（1-17）

م

مالک 主人（阳）（1-12）

ماں 母亲（阴）（1-8）

مثالی 模范的，典型的（形）（1-14）

مچھلی 鱼（阴）（1-8）

محنت 努力，勤奋（阴）（1-17）

محنت سے 努力地，勤奋地（副）（1-17）

محنتی 勤奋的（形）；勤奋的人（阳）（1-9）

محو 消失的，取消的（形）（1-8）

مرد 男人（阳）（1-8）

مرغ 鸡（阳）（1-8）

مریض 病人（阳）（1-9）

مزدور 工人（阳）（1-12)

مشین 机器（阴）（1-13）

مصروف 忙碌的（形）（1-17）

مطالعہ 学习；研究（阳）（1-17）

(کا) مطالعہ کرنا 学习；研究（及）（1-17）

معالجہ 医治（阳）（1-17）

معیار 水平；程度（阳）（1-17）

مکان 房子（阳）（1-8）

مگر 但是（连）（1-17）

مگرمچھ 鳄鱼（阳）（1-9）

منظر 景色，风景（阳）（1-13）

موٹا 胖的；粗的（形）（1-8）

موسم 天气（阳）（1-8）

مویشی 牲畜（阳）（1-15）

مہربانی 善意，慈善（阴）（1-16）

مہربانی کرنا 劳驾（及）（1-16）

مہمان 客人（阳）（1-12）

میٹھا 甜的（形）（1-8）

میڈیکل 医学的（形）（1-17）

میرا 我的（代）（1-14）

میز 桌子（阴）(1-16)

میں ……里面（后）（1-16）

میں 我（代）（1-12）

ن

ناریل 椰子（阳）（1-8）

ناشپاتی 梨（阴）（1-9）

نام 名字（阳）（1-14）

نانی 姥姥（阴）（1-11）

نرس 护士（阴）（1-11）

نرم 软的（形）（1-8）

نسواری 棕色的（形）（1-15）

نصابی کتاب 教科书（阴）（1-16）

نظر 眼光，视线（阴）（1-17）

نظر آنا 看到，出现（不及）（1-17）

نظم 诗歌（阴）（1-8）

نقشہ 地图（阳）（1-10）

نوجوان 青年（阳）（1-11）

نہ 别，不要（副）（1-16）

نیا 新的（形）（1-9）

نیچا 矮的，低的（形）（1-9）

کے نیچے 在……之下（后）（1-16）

نیک 善良的（形）（1-9）

نیلا 蓝色的（形）（1-8）

و

واضح 清楚的（形）（1-8）

واقعی 的确（副）（1-14）

والد 父亲（阳）（1-14）

والدہ 母亲（阴）（1-14）

واہ 好，妙（叹）（1-16）

وجہ 原因（阴）（1-17）

وہ 那，那些（代）(1-10)

وہ 他，他们（代）（1-12）

ہ

ہاتھ 手（阳）（1-9）

ہرا بھرا 绿油油的（形）（1-13）

ہر 每一个（形）（1-15）

ہسپتال 医院（阳）（1-17）

ہلکا 轻的（形）（1-8）

ہم 我们（代）（1-12）

ہمدرد 同情的（形）（1-17）

ہوا 空气；风（阴）（1-16）

ہوادار 通风的，空气流通的（1-16）

ہونا 是，有，在（不及）（1-10）

ہی 就是（语气）（1-15）

ی

یا 或者（连）（1-14）

这,这些(代)(1-10) یہ

他,他们(代)(1-12) یہ